Depois do Escorpião

Uma história de amor, sexo e traição

Samantha Moraes

em depoimento a
Índigo

Copyright © 2006, Samantha Moraes

Todos os direitos reservados. Nenhuma parte desta obra pode ser reproduzida ou usada de qualquer forma ou por qualquer meio, eletrônico ou mecânico, inclusive fotocópias, gravações ou sistema de armazenamento em banco de dados, sem permissão por escrito, exceto nos casos de trechos curtos citados em resenhas críticas ou artigos de revistas.

A Editora Pensamento-Cultrix Ltda. não se responsabiliza por eventuais mudanças ocorridas nos endereços convencionais ou eletrônicos citados neste livro.

Coordenação editorial: Manoel Lauand
Capa: Gabriela Guenther
Diagramação: Estúdio Sambaqui
Foto da quarta capa: Adrian Benedykt

Dados Internacionais de Catalogação na Publicação (CIP)

Moraes, Samantha
    Depois do Escorpião: uma história de amor, sexo e traição
Samantha Moraes. — São Paulo : Seoman, 2006.

ISBN 85-98903-06-X

1. Relações Homem — Mulher 2. Memórias 3. Casamento — Traição
4. Mulheres — Auto-Ajuda I. Título

CDD — 152.41

O primeiro número à esquerda indica a edição, ou reedição, desta obra. A primeira dezena à direita indica o ano em que esta edição, ou reedição, foi publicada.

Edição   Ano
2-3-4-5-6-7-8-9-10-11   11-12-13-14-15-16-17-18

Seoman é um selo editorial da Pensamento-Cultrix.
Direitos de tradução para o Brasil adquiridos com exclusividade pela
EDITORA PENSAMENTO-CULTRIX LTDA.
R. Dr. Mário Vicente, 368 — 04270-000 — São Paulo, SP
Fone: (11) 2066-9000 — Fax: (11) 2066-9008
E-mail: pensamento@cultrix.com.br
http://www.pensamento-cultrix.com.br
Foi feito o depósito legal.

Making of

A primeira vez que ouvi falar sobre Bruna Surfistinha foi numa mesa de escritores. Alguém comentou sobre seu recorde de vendas. Custei a acreditar. Depois, pensando friamente, entendi. O livro era anunciado como o diário de uma garota de programa. Era a possibilidade de espiar pelo buraco da fechadura. No dia seguinte lá estava eu, numa livraria, espiando.

Escrevo ficção. Para escrever algo naquela linha, teria de viver uma história daquelas. Não era o caso... Fechei o livro e segui meu rumo, ruminando sobre as pessoas que encontram na própria vida a matéria-prima para seus escritos.

Só não podia imaginar que, poucos dias depois, receberia um convite para escrever o livro da mulher que perdeu o marido para Bruna Surfistinha.

– Mas isso rende um livro? – foi minha primeira pergunta para o editor.

Então ele começou a me contar sobre quem era Samantha Moraes. Não foi preciso dizer muito para perceber que sim, ali tinha uma história. Eu acabava de ganhar uma vida para narrar!

Durante três meses vivi uma experiência fascinante, e ao mesmo tempo dificílima. Admiro Samantha pela coragem em contar sua história e pela força em ter me contado, repetidas vezes, os mesmos episódios, tão sofridos. Ela me emprestou seus diários, cartas, bilhetes, concedeu inúmeras entrevistas e me deu liberdade para bisbilhotar suas lembranças mais sofridas. Em algumas ocasiões, tive receio de que ela não conseguiria falar sobre certas questões. Enquanto ela gostaria de esquecer tudo aquilo, meu trabalho era fazer com que ela revivesse o pesadelo.

Quanto a mim, via na minha frente uma personagem viva, que entrava na minha casa, fazia café em sachês, falava, se emocionava e me fornecia material para o capítulo seguinte.

Não há diferença entre perder o marido para Bruna Surfistinha ou para uma mulher anônima. A dor é igual, o que muda são as reações.

Em " Depois do Escorpião" , Samantha nos dá uma verdadeira lição de superação, ousadia e determinação.

Índigo

" Aquilo que feriu, cura"
Oráculo de Delfos

Carta às minhas filhas

Inicialmente, gostaria de agradecer minhas filhas por serem as melhores companheiras do mundo, aceitando-me nos meus momentos difíceis sem questionar o motivo, e ainda assim, dando apoio, mesmo que com pouca idade.

À minha primogênita Isabella, em especial, gostaria de pedir desculpas pela minha tristeza absurda e por não ter conseguido ser mais compreensiva com você nos momentos em que fui tomada pelo desespero da separação. Sei que acabei sendo ausente, mesmo estando presente, que deixei passar momentos lindos dessa infância conturbada, que não acompanhei com tanto ânimo nossos primeiros passeios sozinhas e que por inúmeras vezes me recolhi no quarto sem ao menos participar das suas brincadeiras. Agradeço suas palavras de consolo, que por muitas vezes foram como espadas enfiadas no meu coração. Hoje agradeço sua frieza aos cinco anos, quando eu reclamava aos prantos, falando sozinha e andando pela casa, que o papai não havia nos telefonado naquele dia. Sem remorso você me dizia: "O papai não mora mais aqui, ele não tem de ligar".

Isso me assustava, mas sua maturidade foi essencial. Nos meus momentos terríveis você surgia como se nada estivesse acontecendo e me dava uma palavra de consolo, sem ao menos ser solicitada. Sinto que poderia ter lhe poupado mais, mas só percebi que você sofria sozinha no dia em que chorando, você me pediu para parar de chorar... que você não agüentava mais me ver daquele jeito. Isso cortou meu coração. Você foi fantástica e muito madura: uma pequena mulher, de coração grande e excelente amiga. Quero ser para você, no futuro, tudo aquilo que você foi para mim no pior momento da minha vida. Seus cafunés, seu colo, seu carinho e suas palavras me fizeram ver um mundo melhor. Se você, que é quem mais perdia, estava tentando ficar numa boa, por que eu – bem mais experiente – não podia fazer o mesmo!?

À minha pequena Marrie, que mal falava nessa época, agradeço seus olhares, tão compreensivos, como se soubesse que não era hora de se manifestar, suas gracinhas tentando me animar, seu bom humor e seus abraços, que jamais serão esquecidos.

Agradeço às duas coisas mais importantes da minha vida por terem me respeitado nos momentos de fraqueza e peço perdão por ter falhado muitas vezes, tentando acertar. Não é só porque sou mãe que acerto sempre, por isso digo que antes do choro, é preciso sentar e conversar.

Enfim, vocês são maravilhosas, e tenho o maior orgulho do mundo em ser mãe de vocês!!

Maria Luisa e Isabella: amo muito vocês duas

Samantha Moraes

parte 1

O veneno

A Picada

Descabelada, descalça e pelada, eu me olhava no espelho do banheiro e remoía a frase que vinha repetindo há uma semana:
— Perdi meu marido para Bruna Surfistinha.
Perguntava-me, também, quantos homens em São Paulo fizeram programa com Bruna Surfistinha, e por que o meu, de todas as dezenas, centenas, milhares; por que justo o meu foi se casar com ela?
A última pergunta era:
— O que há de errado comigo?
Prendi os cabelos num rabo de cavalo e vesti meu roupão de banho.
— Mãããããeeeeee! Tô com fome!
Tenho duas filhas.
— JÁ TÔ INDO!!! — gritei de volta.
Meu casamento tinha acabado há seis meses, e eu já estava farta de chorar. Minha filha Isabella não agüentava mais me ver daquele jeito. Sua maneira de me consolar era chorar junto, e este virou nosso programa de mãe e filha: sentar e chorar. Poucos dias antes, ouvi de Isabella a seguinte frase:
"Mãe, por favor, pare de chorar..."
E como se fosse eu a filhinha bem comportada, parei na hora. Isabella tem seis anos.

Havia duas opções. A primeira era continuar ali: descabelada, descalça e sofrendo. A segunda... Abri o espelho e passei um creme no rosto. Fiz uma make. A segunda era bem melhor. Voltei a me olhar no espelho de corpo inteiro. Não... Não tinha nada de errado comigo, ora essa! A segunda era deliciosamente melhor. Passei um perfume.

Ficaria com a segunda opção. A segunda era o contra-ataque!

Sem querer, havia descoberto um recurso fundamental. Quanto pior me sentia, mais me arrumava, mais cuidava de mim. Quem me visse, pensaria que eu estava incrível. Esse era meu disfarce.

– Meninas, vamos sair!

Num gesto automático, busquei a chave do carro em cima da mesinha. Então me lembrei de que há dias, o carro estava com ele. Nesse dia, tudo o que eu tinha era um carrinho de bebê, onde coloquei Marrie. Com dois anos de idade, ela não terá lembranças da época em que teve um pai em casa. Resolvi que a partir desse dia, quem passaria a pegar o carro emprestado seria ele, e não eu, que estava a pé, com duas crianças. Mandei uma mensagem de texto informando minha decisão.

Pronto! Ele que arranjasse outro carro para passear com Bruna Surfistinha.

O celular tocou. Era a produção do Superpop. Devia ser a sétima vez que me telefonavam naquela semana.

– Mas eu já falei pra vocês que não vou!

Então, expliquei mais uma vez o motivo. Primeiramente, por conta do meu trabalho. Sou comissária de bordo: sinônimo de discrição, seriedade e elegância. Uma única aparição no Superpop e eu poderia dizer adeus ao meu emprego.

Eles insistiam. Queriam ouvir o meu lado da história: a mulher traída. Era tamanha insistência que à noite, antes de dormir, eu ouvia aquela voz meio sedutora, meio policial, atiçando a ira da audiência:

"Ela tinha um casamento perfeito! Casou-se com seu amigo de infância. Seu melhor amigo. Jamais brigavam. Eram um casal feliz, até o dia em que ela descobriu que aquele companheiro, o amor da sua vida, o pai das suas filhas, o amigo de infância que ela achava conhecer como ninguém, era na verdade um homem com desejos perversos. E este homem foi além dos limites da traição. Ele a trocou por uma garo..."

– Onde vocês querem ir, meninas?

– Mc Donalds!!!

Nesta semana a toalhinha de papel trazia a Arca de Noé com vários compartimentos. Répteis no porão, girafas e elefantes bem no meio, e lá em cima os pássaros. Tudo muito bem organizado, exatamente o que eu queria para a minha vida. Abri meu caderninho vermelho e rabisquei algumas anotações. Fazer anotações passou a ser um hábito.

Desde "A Descoberta", infiltrei-me num mundo de flats, clubes de swing, prostituição digital e mídia, muita mídia. Dissequei a história até encontrar todas as respostas que buscava. Mergulhei num mundo de mentiras e só emergi depois de ter descoberto a verdade.

O marido foi a primeira perda, que detonou um processo de destruição em massa. Perdi minha casa, minha autoestima, minha privacidade, sono e sonhos, apetite, ânimo e fé, estabilidade financeira, carro, carinho, companhia, seis quilos e uma boa parte da minha saúde.

Nesse dia percebi que queria, sim, contar o meu lado da história. Não fui a primeira, nem serei a última mulher a perder o marido para uma prostituta. Talvez o valor da minha história esteja no aprendizado.

Conheço-o desde os sete anos de idade. Assim, não foi difícil identificar a transformação. Acredito, mesmo, que ele tenha sido envenenado. Até a mudança de nome é apropriada. Este Pedro, nacionalmente conhecido como o homem apaixonado e sem preconceitos, que se casou com Bruna Surfistinha, não tem nada a ver como o meu João.

Aprendi que é do próprio veneno do escorpião que obtemos a cura. Eu recebi minha dose, e foi a pior dor que senti na vida. Duvido que algum dia sentirei algo igual. Mas também foi destilando este veneno que encontrei o antídoto.

Final Feliz

Eu não poderia estar mais feliz no meu casamento. Estávamos para completar seis anos juntos, e eu pensava numa surpresa para comemorar a data. Já havia pesquisado vários motéis bem bacanas. Tinha até definido a decoração do quarto. Cobriria a cama com pétalas de rosas brancas, tendo como fundo um lençol vermelho. Na piscina, bexigas brancas. Logo na entrada, uma faixa com as palavras "Eu te amo". O toque final ficaria por conta da champanhe e um jantar afrodisíaco. Todo ano, entre os dias 19 e 28 de junho, fazíamos uma semana inteira de comemorações. Neste período celebrávamos nosso casamento no civil, no religioso, aniversário de namoro, e por fim o aniversário dele.

Neste ano a comemoração seria especial. Eu brincava com o João, dizendo que garantia um casamento feliz até o quinto ano. Depois disso eu me tornaria possessiva e ciumenta. Ele, por sua vez, dizia que no dia em que arrumasse uma amante, eu logo saberia, pois ele compraria cuecas novas. Vivíamos atiçando um ao outro, e morríamos de rir. Ameaças assim eram uma grande piada. Acreditávamos, sinceramente, que essas coisas jamais aconteceriam com a gente.

Nos últimos tempos João estava mais presente, mais carinhoso com as meninas, mais calmo e alegre. Esses últimos quatro meses do nosso casamento foram os melhores, em todos os sentidos. Ele prestava mais atenção ao que eu dizia. Voltamos a conversar sobre assuntos à toa, como nos tempos de namoro.

Eu achava que, juntos há tantos anos, e com filhas pequenas, fôssemos perdendo o romantismo. Mas João provava que não precisava ser assim. Ele fazia de tudo para que não nos acomodássemos à rotina de casado. Com a aproximação das Bodas de Açúcar, João ficava cada vez mais amoroso. Passou a me cortejar. Quantas mulheres podem dizer que – depois de seis anos – ainda são paqueradas pelo marido? Pois eu era. Nossos amigos nos apelidaram de Casal 20. Éramos, sim, um casal de dar inveja. Até nossa rotina sexual ficou mais intensa! As crianças já não eram mais bebês, conseguíamos passar mais tempo a sós, namorar sem sermos interrompidos com um choro no meio da madrugada.

Me lembro de um dia em que João me telefonou no meio da tarde, só para dizer que estava com saudades. Achei aquilo tão romântico! Poucas noites depois João chegou em casa com um botão de rosa: outra surpresa que me deixou emocionada.

Ele passou a se preocupar mais com o visual, fez questão de adotar um "look fashion". Estava mais disposto, alegre, e até mais bonito. A cada dia ficava mais sexy.

Foi também quando ganhei um carro importado: partindo do João, uma ousadia que me deixou perplexa. Ele nunca se preocupou com carro, pois como morávamos em Moema, tudo era muito perto. O carro seria para mim e as meninas.

Interpretei estas mudanças como sinais de fortalecimento do nosso amor. Todos os dias, notava uma novidade. Notei que ele queria me agradar de qualquer maneira. Ele sabia o que eu esperava do marido ideal e fazia de tudo para satisfazer meus desejos.

Até que um dia ele chegou em casa vestindo uma cueca nova. Saiu com uma velha e voltou com uma novinha em folha.

– O que é isso? – perguntei, espantada.

Nunca, em todo nosso casamento, João comprou uma cueca. Esta era uma das minhas funções. João achou graça na minha indignação, e disse que na hora do almoço comeu alguma coisa que não lhe caiu bem e... teve de trocar de cueca. Aceitei a explicação.

Poucos dias depois ele jogou todas as cuecas fora e comprou uma nova coleção. Fiquei pasma. Não podia ser o que eu estava pensando! Resolvi não tirar conclusões precipitadas.

Nesta época tive uma briga muito feia com minha mãe. João me deu apoio, me consolou, prometeu cuidar de mim para o resto da vida.

Uma semana depois fizemos uma viagem de passeio à Itu, com as meninas, e nos divertimos muito!

E mesmo com tudo indo tão bem, comecei a dar mais atenção a alguns pressentimentos que, há meses, vinham me atormentando. Achava que alguma coisa muito ruim estava prestes a acontecer. Era uma sensação de grande agonia. Mas não conseguia especificar o quê. Alguma morte na família, doença... Impossível saber. De concreto, havia apenas esta sensação. Resolvi não dar muita importância àquilo, achei que fosse neurose. Grande erro! Hoje eu sei: jamais desconsiderar esta voz intuitiva que todas temos. Ela fala baixinho, mas o que diz é certeiro.

Dentro da ignorância em que eu vivia, foi um final feliz...

Joguinhos Suspeitos

Aquela viagem à Itu é a última lembrança feliz que guardo do nosso casamento. Logo depois deste período de intensa alegria, veio uma ressaca violenta. Nunca vi alguém mudar tão rápido. A cada dia vinha uma novidade, como se meu João estivesse desaparecendo e, no seu lugar, no mesmo corpo, brotasse uma personalidade espinhosa.

João sempre foi um homem caseiro. Era raro sair para baladas. Preferia jantares, não era de dançar. Trabalhava num escritório de direito e cursava faculdade à noite.

Hoje, escrevendo estas memórias, percebo que esses meses em que ele me cobria de presentes, carinho e sexo, coincidiram com os meses em que ele começou a se encontrar com Bruna Surfistinha.

O carro importado que ganhei de presente, na verdade, não era para mim. Mesmo que eu o usasse durante o dia, João sabia que, quando precisasse, poderia pegá-lo para suas novas necessidades de locomoção rápida.

Hoje sei que aquele botão que me fez chorar de felicidade, fazia parte de uma dúzia de rosas. As outras 11 estavam com Bruna Surfistinha.

João passou a trabalhar todos os dias até muito tarde. Chegava em casa às 3 horas da madrugada. Às vezes, até mais tarde. Chegava exausto, caía na cama e dormia.

Passou a beber. Nunca tinha visto João bêbado. Certa noite, depois de uma discussão boba, vestiu um tênis e bermuda e saiu. Eram mais de 2 horas da manhã e nada de ele voltar, ou ao menos atender o celular. Peguei o carro e saí a procurá-lo. E quando o encontrei, foi debaixo da chuva, encharcado e chorando de rir, a algumas quadras de casa. Era como se ele tivesse ouvido a piada do século, de tanto que gargalhava. Eu não entendia a graça. Perguntei sobre álcool, drogas, mulheres. Ele respondeu que se lembrava de estar com os colegas da faculdade e que sim, algumas mulheres sentaram-se à mesa. E ria! Era como conversar com um lunático. Rimos muito nessa noite, e fizemos amor, apesar do seu estado alcoolizado. Dois dias depois, estávamos tranqüilos em casa, quando ele começou a se vestir. Disse que estava indo para um cyber-café. Queria jogar um jogo novo, no qual estava viciado. Achei estranho. João nunca foi fissurado em jogos de computador. Quando namorávamos, seu passatempo predileto era palavras cruzadas. Insisti para que não fosse. Disse que se ele quisesse mesmo jogar, que jogasse uma partida de gamão comigo. João sempre adorou gamão. Ele concordou. Jogamos até quase meia-noite. O que a gente não faz para segurar um homem em casa.... Mas àquele horário, eu não agüentava mais jogar. Então ele saiu, apesar dos meus protestos. Disse que voltaria logo. Caí no sono e quando acordei, às 3 horas, ele ainda não havia chegado!

Liguei para o celular e ele não atendeu. Fiquei apavorada. Liguei no cyber. Era o nosso cyber. Eu sempre ia lá com ele. Disseram não tê-lo visto por lá. Jamais João desapareceu assim, do nada, no meio da noite, sem deixar um bilhetinho sequer. Primeiro fiquei andando de um lado para outro no apartamento, perdida. Depois fui falar com o porteiro. Perguntei se, ao sair com o carro, alguém o seguia. Eu já imaginava as piores possibilidades. Por volta das 4h30 da madrugada, caí em desespero. Ficava olhando para minhas filhas dormindo como dois anjinhos enquanto eu telefonava, sem parar, para o celular dele. Desligado. Rezei.

A próxima hora foi de pânico. Alguma coisa tinha acontecido. Eu me controlava para não começar a ligar para polícia, hospitais, parentes. Tinha esperança de que, em algum momento, ele atendesse aos meus chamados. Atendeu às 5h30, dizendo que estava dobrando a esquina. Exigi uma explicação, mas o que ouvi foi uma das coisas mais esdrúxulas: estava jogando o tal jogo com fone de ouvidos, e por isso não ouviu o celular tocar. A única coisa que passou pela minha cabeça foi: quem é este homem? Um moleque inconseqüente ou meu marido? A resposta: os dois.

Ali começava a degeneração do João. Ele assimilava um comportamento que não condizia com sua idade, ou postura de pai e marido. Havia influência externa. Isto era evidente. Uma amante?

Quando esta idéia passou pela minha cabeça, senti vergonha de ter imaginado tal coisa. Queria acreditar que éramos um casal feliz, e que não estávamos em crise. Assim, descartei a hipótese. Erro! Hoje sei: devia ter seguido minha intuição desde o início. Não quis enxergar, o que apenas prolongou meu sofrimento. Naquela noite fomos dormir deixando as coisas por isso mesmo. Aceitei a desculpa esfarrapada, não argumentei. Eu gelava só em pensar que aquilo era o início do fim. Quando João caiu no sono, cheguei a me emocionar pensando no quanto o amava, agradecia a Deus por ele estar bem, e pedi para afastar aqueles pensamentos tenebrosos da minha cabeça. Nesta época meu amor por ele era tão grande, que me cegava. Muitos meses depois, da maneira mais sórdida, descobri que naquela noite ele tinha ido passear, pela madrugada, com Bruna Surfistinha. Levou-a até a casa dos pais. Os dois ficaram estacionados na rua, olhando para o prédio onde ela morava, na esperança de verem os pais dela.

Enrolei-me ao seu lado e adormeci também.

Peguei-a pelos Cabelos

O dia das mães se aproximava. Com todos estes acontecimentos estranhos, eu não estava exatamente no clima de comemoração. Mesmo assim, juntei coragem e segui com minhas obrigações. Pensava nas minhas filhas, e no almoço em família. Não era o momento para discussões.

E foi no meio deste dilema, entre suspeitas e a recusa em enxergar o que estava acontecendo, que encontrei a primeira prova concreta de infiltração no nosso casamento.

Era sexta-feira e havia combinado de levar minha sogra ao supermercado.

O dia estava lindo. Senti aquele delicioso sol de outono aquecer meus ombros e segui dirigindo, na tentativa de espantar maus pensamentos. Mas foi justamente porque um raio de sol bateu no console da marcha que eu vi, reluzindo, um longo fio de cabelo amarelo. Um cabelo longuíssimo, com três tonalidades de loiro, e ponta ressecada.

Ninguém que eu conhecia, amiga, amiga da minhas filhas, irmã, ninguém tinha cabelos daquele tamanho. Visualizei uma mulher loira e cabeluda, e não gostei nem um pouco desta imagem. Não sei como consegui me controlar, pois naquele instante, enquanto olhava para o fio de cabelo, tudo que via no banco do passageiro era esse suposto corpo de mulher loira. Não consegui seguir com nossa programação: comprar os ingredientes para o almoço de Dia das Mães. Disse que esperaria no carro. Assim que dona Yolanda sumiu de vista, recolhi a amostra. Sim, amostra; pois ao bater o olho naquele fio, e desconfiada como estava com o estranho comportamento do João, imediatamente associei as coisas.

Sabia que havia uma nova estagiária no trabalho dele. Seria isso? Naquela mesma tarde dei uma passadinha no escritório, com o pretexto de falar um "oi". Mas todos já tinham ido embora. Encontrei apenas a secretária, que disse que João tinha ido embora com a estagiária.

– Como?

– Ela deu uma carona para ele. João disse que ia cortar o cabelo, e ela deu uma carona.

Achei esquisito. Dei um jeito de descobrir onde era a mesa da estagiária e ali encontrei um novo fio. Guardei-o na bolsa. Agora eram dois. Chegando em casa, coloquei-os lado-a-lado. Não pertenciam à mesma cabeça.

Eu precisava ter uma conversa séria com João. Se eu não esclarecesse a situação, minha suspeita só cresceria até virar uma paranóia completa. Eu não podia continuar recolhendo fios de cabelo por aí!

Terapeutas de casais falam exatamente isto: que devemos conversar sobre as coisas que nos incomodam. Eu estava mais do que disposta a conversar. Infelizmente, na prática não é tão simples assim.

Coloquei as meninas para dormir e fui para a cama, onde João esperava por mim. Peguei meu livrinho de orações e tomei um gole de chá. Ali, entre as páginas, estavam os fios de cabelo. Não conseguia rezar. Pensava em orgias com duas, três mulheres... Meu Deus...

João, deitado de bruços, me encarava com a calma dos inocentes. No que pensaria? Certamente não no mesmo que eu.

– Você está tendo um caso? – perguntei.

João ficou branco, baixou os olhos e virou de lado. Não respondeu!

Abri meu caderninho de orações e mostrei os fios. Em vão. Por mais que eu tentasse obter uma explicação, tudo o que ele fez foi dormir. Meu sofrimento não chegava até ele.

Tampou a cabeça com o travesseiro.

No dia seguinte ele acordou e já saiu correndo, sem nem se despedir, feito um fugitivo. Por volta do meio-dia telefonei dizendo que precisaria do carro naquela tarde. Ele disse que estaria de volta às 17 horas e desligou. Eu ligava, ele não atendia. No final da tarde fui para a casa da minha sogra e desabafei. Não fazia mais sentido fingir que estava tudo bem. Não podia continuar falando sobre preparativos para almoço de Dia das Mães se eu nem sabia do meu marido. Sem nem mesmo conseguir falar com ele por telefone!

– O João deve estar magoado com você – disse minha sogra.

– Mas o que foi que eu fiz?

– Você anda desconfiando dele.

Não sei onde estava com a cabeça de desabafar justamente com minha sogra. João, na opinião dela, ainda era um bom menino.

Deu meia-noite e nada. Ele não telefonou, não atendeu aos meus chamados. Comecei a ligar para nossos amigos. Nada, ninguém sabia do João. Foram mais de quarenta ligações para o celular dele. Como resposta recebi uma única frase: "Não espere por mim. Vou chegar tarde!"

Mas ele não voltou. Nesse dia eles se beijaram pela primeira vez, enquanto eu me debulhava em lágrimas. João acabava de trocar nossa confortável cama de casal por um sofá apertado onde dormia espremido contra Bruna Surfistinha.

Assim começou meu Dia das Mães.

Meu Presente de Dia das Mães

Passei a noite em claro. Meu dia começou com Isabella invadindo meu banheiro. Eu estava sentada na privada, de cara inchada:

– Onde está o papai?

Desde quinta-feira que ela não o encontrava. Disse a verdade: que ele não tinha dormido em casa. Via em Isabella uma pequena amiga, uma dessas amigas de verdade, que dizem o que precisamos ouvir. Então ela disse o que ninguém mais teve coragem de dizer. E que no entanto, era a verdade mais dura e cruel:

– Mas, mamãe, ele não podia fazer isso com você. Hoje é seu dia! – e chorou, arrasada.

Era sim. Com marido ou sem marido, ainda tinha minhas filhas, tias, madrinha e vó. Vesti as meninas e lá fomos nós, para o almoço de família. Não tive dúvidas. Fui para a casa da minha madrinha, onde foi servido um bacalhau maravilhoso, como apenas elas sabem fazer, na melhor tradição portuguesa. Infelizmente, não consegui comer uma garfada sequer. Por mais que eu tentasse disfarçar, como explicar os olhos vermelhos de duas noites em branco? Quando perguntavam por João, eu respondia que ele estava na casa da mãe dele. Não sei se acreditaram. Não insistiram. Na hora da troca de presentes, Isabella me abraçou e se desculpou, segurou o choro:

– Eu queria tanto te dar um presente, mas eu não tenho dinheiro e o papai não comprou nada..."

Pronto! Essa foi a gota d'água. Peguei as meninas e fui para a casa da dona Yolanda. João podia ter me riscado da sua vida, mas não faria o mesmo com a mãe. Alguma hora ele teria de aparecer por lá. Enquanto a família dele festejava a data, eu fiquei largada no sofá, semi-morta, semi-viva. Lembrei-me então da minha própria mãe, com quem eu estava brigada. Devia ter aproveitado a ocasião para me reconciliar com ela, isto sim. Mas era tamanha a preocupação com esse marido que se rebelava feito um adolescente inconseqüente, que não tive esta lucidez. Ele era minha prioridade.

João chegou no final da tarde e me encontrou adormecida no sofá da sala. De pé, braços cruzados e pernas afastavas, encarou-me com um jeito furioso, como se eu tivesse feito algo muito errado e merecesse um castigo. Agora ele diria alguma coisa! Certo? Errado.

Não disse uma palavra. Ali nosso amor morreu.

Quando minha sogra foi falar com ele, João disse que eu não merecia presente de Dia das Mães. Desta maneira ele conseguiu – com esta simples insinuação – dar a entender que eu era a culpada. Como se não bastasse tudo o que eu já estava sofrendo, meus sogros começaram a desconfiar de mim!

Voltei para casa sozinha. Ele ficou por lá mais algumas horas e voltou bem tarde. Não tinha coragem de me encarar.

Caos

Por duas semanas tentei entender o que estava acontecendo, mas João se recusava a responder às minhas perguntas. Chegava em casa nas altas horas da madrugada, de cara virada. Ao final da segunda semana deste inferno, resolveu que sairia de casa. Depois de dez dias pediu um tempo, pois eu o estava sufocando com tantas perguntas. Outros dez dias se passaram sem que nada se resolvesse. Decidi, então, perguntar se ele queria a separação. Suas malas já estavam arrumadas. Caso ele dissesse sim, era só pegá-las. Caso não, eu teria o maior prazer em desfaze-las... Foi uma medida sensata. Eu não suportaria vê-lo tirar suas coisas aos poucos. Pedi também que ele me entregasse a aliança de casamento. Ele tentou tirá-la, mas ela não saía. Fomos para o banheiro e lambuzei suas mãos com óleo hidratante. A aliança não saía de jeito nenhum. Tive de arrancá-la à força, com os olhos cheios d'água. Ele também chorava. Eu puxava a aliança com toda a força, lutando contra minha própria vontade. Nem me importava se estava machucando. Ele reclamava. Devia estar doendo mesmo, mas dor maior era a minha. Consegui por fim arrancar a aliança do dedo dele. Então ele pediu para ficar com ela! Ao sair, se recusou a entregar as chaves de casa. Seria medo de se arrepender? Sei lá.

Pensei que, no mínimo, ele daria uma explicação à Isabella. Tudo o que ela ganhou foi um beijinho na bochecha e tchau. Olhou-me pedindo explicação. Como explicar? Explicar o quê, se nem eu entendia.

Durante os cinco meses seguintes vivi uma longa e extasiante sessão de tortura. Na noite seguinte da sua partida, o nariz da Isabella começou a sangrar sem parar. A

Marrie chorava, um choro que não acabava mais, sem motivo aparente. Quanto a mim... parei de comer.

João desapareceu. Demorou 45 dias para que eu o convencesse a pelo menos pegar as meninas no fim de semana. A partir daí, passei a exigir explicações. Ele negava que houvesse outra. Bem, se não havia outra, havia esperança de voltarmos. Foi assim que raciocinei. Ele dizia que estava morando na casa de amigos, que estava confuso e precisava de um tempo longe de mim, para pensar. Eu perguntava se ele ainda me amava. Ele respondia que amava. Criei esperanças. Era um típico quadro de crise que passaria. Tudo voltaria ao normal. E por isso mesmo, não acreditava que estivesse me separando. Mesmo dormindo sozinha, mesmo não sabendo onde ele morava, mesmo que tudo à minha volta indicasse o contrário, eu quis acreditar no João. E tudo o que ele dizia, eu aceitava. Aceitei quando disse que não estava me trocando por outra. Aceitei quando pediu um tempo. Fui inocente.

Acreditei que poderia reconquistá-lo. Seus sinais eram muito confusos. Dizia que estava sofrendo com a situação, chegou a chorar na minha frente. Depois ficava irritadiço.

Já que ele estava afastado para pensar melhor, aproveitei para fazer uma auto-análise.

Estava disposta a mudar qualquer coisa: comportamento, personalidade, atitudes. Quanto a isto, tenho a consciência tranqüila. Fiz de tudo para salvar meu casamento. Não consegui. Será que alguém consegue? Hoje sei que, não importa o que eu fizesse, não dependia de mim. Ele não queria ser salvo. Ele já havia se decidido, apenas não teve coragem de dizer. E por isso, durante cinco meses passei por um martírio que me consumiu dia-a-dia, até me levar à beira da morte.

Só agora, um ano depois, entendo que para preservar meu casamento, eu teria de sacrificar minha auto-estima, meu orgulho, valores e amor próprio. Se eu não tivesse esfregado os fios de cabelo na cara dele, se tivesse fingido não saber de nada, se tivesse esperado passar, talvez estivéssemos juntos até hoje. Ela continuaria na antiga profissão (se é que aquilo pode ser considerado profissão). Ele seria este homem que trai e mente, vivendo sua vida dupla. E eu seria...

Aí é que está o problema! Eu não nasci para ser mulher traída. Fui, mas não aceitei. Agora entendo também por que ele levou cinco meses para dizer que existia outra. Ele sabia que para mim isto era inaceitável. Foi uma traição de amigo, marido e pai das minhas filhas. O que ele fazia era tão vergonhoso, que quando me encontrava, não conseguia olhar nos meus olhos.

Abandono

Lembro-me de uma vez, quando João veio nos visitar. Pedi que colocasse as meninas para dormir. Para ele, um gesto que tomaria quinze minutos, nem isso. Para elas teria uma importância que ele nem poderia calcular. Deixei-os a sós. Esperei na sala e logo ele voltou:
— Pronto. Já estão na cama — disse.
Achei que tinha sido rápido demais. Tive a sensação de que ele simplesmente as enfiou no quarto e fechou a porta, como se elas fossem dois pacotes. Fui conferir e encontrei-as deitadas, de pijama. Incrível!
Voltei para a sala e ficamos conversando. Nesse dia ele estava comunicativo, parecia querer ficar ali comigo. Imediatamente me enchi de esperança e amoleci. O clima foi mudando, assim como o tom da conversa. Senti uma saudade tão triste... Acho que ele também. Acabamos cedendo às nossas vontades e ficamos juntos...
Então, de repente, ele se levantou com uma cara de espanto, como alguém que, sem se dar conta, acaba de cometer um crime. Vestiu-se, esbaforido, e disse que tinha de ir embora. Pedi um beijo, pelo menos, mas ele saiu correndo. Corri atrás. Ele chamou o elevador e se despediu com um aceno de mão. Um aceno de mão!
Devia ter se lembrado de algum compromisso. Sua prioridade então era cumprir a movimentada agenda da Bruna Surfistinha: festinhas, jantares, casas noturnas, shows... Mas isto eu só fui saber muito tempo depois.
A cada quinze dias passávamos um fim de semana juntos. Sim, foi idéia minha estar presente sempre que ele estivesse com as meninas, mas eu percebia que ele gostava que eu estivesse ali. Achava que assim seria melhor para as me-

ninas. Queria que elas percebessem que não éramos inimigos. Ele concordou.

Esta fase foi de uma ironia sem igual. Quando éramos casados, muitas vezes, sem saber, tive de dividi-lo com Bruna Surfistinha. Agora os papéis se invertiam. Passamos a nos encontrar no meio da tarde para conversar, tomar um café...

Nesses fins de semana, ele parecia cada vez mais à vontade na nossa casa. Primeiro ele dormia no chão do quarto das meninas, depois foi amolecendo. Passou a dormir no sofá. O ápice disso foi uma vez quando dormiu na minha cama. Eu tinha ido ao aniversário de uma amiga e quando voltei, lá estava meu ex-marido, deitado na minha cama.

Meu espanto foi tamanho, que fiquei parada diante daquela imagem absurda não sei por quanto tempo. Olhava aquilo e tentava entender. O que ele pretendia, fazendo aquilo? Evidentemente, meu coração se encheu de esperança. Deitei-me ao seu lado e fiquei ouvindo seu ronco familiar, abracei-o e acabei adormecendo. Naquele instante achei que ao acordar, encontraria tudo no seu devido lugar. João estaria de volta, em casa, de onde nunca deveria ter saído. Acordamos com Isabella entrando no quarto, pé ante pé. Seus olhinhos brilhavam, e os meus também. Sua alegria era evidente: "papai voltou!".

Logo em seguida chegou Marrie, e ficamos deitados na cama, todo mundo junto, por um tempão. Horas depois João se foi, como se nada tivesse acontecido.

Sou filha de pais separados, e quando me casei com João, jurei a mim mesma que passaria por cima de qualquer coisa para não me separar, para evitar que minha filha passasse pelo mesmo que passei. Sei a falta que um pai faz.

Lembro de uma imagem que até hoje me emociona. Isabella tinha 3 anos de idade. Estávamos deitados na nossa cama, e ela dormia no meio da gente. Eu conversava com João e contei que naquela idade, eu não tinha pai nem mãe por perto. Durante toda minha vida senti essa falta. Então João deu um beijo na Bella, outro em mim, e eu tive certeza de que a história não se repetiria. Dormimos os três juntinhos e abençoados. Nessa época, quando Isabella fazia birras, eu lhe dizia que ela devia dar graças a Deus por ter pai e mãe vivendo juntos.

Agora Marrie, minha caçula, vive a mesma situação que eu vivi, e isto é a coisa mais triste do mundo. Fiz de tudo para evitar este destino. Não consegui e lamento.

João passava dias sem dar notícia. Ninguém sabia onde ele morava, ou com quem.

Eu procurava pistas, tentava de qualquer maneira descobrir alguma coisa. Perguntava para meus sogros, para amigos. Ninguém sabia de nada. Era enlouquecedor. E nesses seus sumiços, de nada adiantava telefonar. Ele não atendia aos meus telefonemas. Como amigos e parentes se recusavam a me dizer qualquer coisa – ou por não saberem, ou para me pouparem – passei a pedir notícias do meu marido até para desconhecidos. Cheguei a perguntar ao segurança de um clube de swing se ele tinha visto o João. Eu nunca tinha pisado lá dentro. Só conhecia o segurança porque sempre passava por ali, quando passeava com as meninas. O clube ficava entre a casa da minha mãe e a minha, e na frente do restaurante onde sempre jantávamos. Esse senhor acompanhou minhas duas gravidezes, estava careca de me conhecer. Assustado com a minha pergunta: "Você tem visto meu marido?", ele perguntou se estávamos nos separando... Expliquei, por cima, a situação. Desta vez o segurança não disse coisa alguma. Continuei andando, morrendo de vergonha do meu desespero. Meses depois, este mesmo segurança seria de grande auxílio na minha peregrinação.

Recorri também à Santa Terezinha. Passei a rezar diariamente, pedindo para ela intervir por mim. Pedia que ela clareasse a mente do meu marido, e que me orientasse. Pedia sinais e passei a procurar por eles. Eu queria, de qualquer maneira, acreditar que aquilo logo passaria, que tudo voltaria ao normal.

Mas com João fora de casa, nossa situação financeira piorou drasticamente. Comecei a procurar emprego. Estava sem trabalhar desde o nascimento da Marrie. Comissária de bordo é o tipo de profissão impossível de conciliar com maternidade, principalmente no primeiro ano de vida. Mas agora Marrie já estava com um ano e meio.

Além da necessidade financeira, voltar a voar seria um ótimo remédio para combater a depressão que começava a se apoderar de mim. Em breve teria de entregar o apartamento, uma vez que com o desaparecimento do João, as contas começavam a acumular.

Em menos de dois meses fui contratada pela OceanAir.

Estava feliz? Não sei dizer. Meu estado emocional era uma incógnita. Passei a tomar antidepressivos: recurso proibido na minha profissão.

Prova de Fogo

Quando as pessoas começam a trabalhar, normalmente fazem alguns workshops. Comissárias de bordo fazem workfires. O nome é bastante apropriado. Eles são fogo. No workfire aprendemos a salvar vidas, inclusive a nossa. Treinamos sobrevivência no mar e na selva. Nesta parte, atravessamos uma casinha cheia de fumaça onde a temperatura atinge níveis desumanos. Acho que por ter passado os últimos meses no sufoco, bati o recorde da turma. Atravessei a casa esfumaçada de dois andares em 24 segundos. Saímos de lá e engatamos direto numa caminhada, para treinar sobrevivência na selva e fazer testes em equipamento de simulação. Depois, pulamos numa piscina gelada. E aqui, quando digo gelada, não é minha opinião pessoal. Era uma piscina preparada especialmente para o treinamento, com todos os elementos para simular as condições de alto-mar. Geladérrima!

Devo ter salvado muitas vidas simuladas, tanto no incêndio, quanto na mata e no mar. Mas a minha, eu quase perdi. Peguei uma gripe que me deixou de cama, com febre alta durante quatro dias. Uma semana depois, voltei ao treinamento.

Esses workfires têm uma estranha capacidade de nos fazer crer que somos super-heróis. Desta vez a prova era numa aeronave **EMBRAER** 120, um dos modelos em que eu iria voar. Fizemos todas as simulações de emergência até chegar na situação extrema de evacuação. Tive o segundo melhor tempo. Retirei todos os passageiros em 28 segundos. O tempo limite era de 45 segundos. Isto me deixou bastante feliz. Cheguei a carregar um dos nossos instrutores nas costas. E carregaria outros, se fosse preciso. Eu, que até poucas semanas me sentia imprestável, agora realizava operações de aeronave. Quem diria...

Fazia um calor infernal neste dia. Deixamos a cena fictícia do acidente aéreo e fomos para uma sala fresquinha, com ar condicionado. Na hora foi um alívio, mas no meio da madrugada, acordei com uma febre de quase 40 graus. Delirava. Sentia uma dor aguda na costela. Lembrei-me do instrutor que carreguei nas costas. Só podia ter sido ele. Fui para o pronto-socorro e contei toda a peripécia. Tiraram um raio-X, enfaixaram-me e disseram que a trinca poderia demorar até 15 dias para aparecer. Trinca na costela, foi esse o diagnóstico.

A trinca nunca apareceu, mas a dor aumentou, assim como a febre. A dor era tamanha, que eu não conseguia mais andar. Minha mãe teve de dar banho em mim. Eu não parava mais em pé. Durante três dias fui deteriorando, a ponto de ficar sem fôlego para conversar.

Neste ponto João apareceu e se assustou com o que viu. Passou a me telefonar a toda hora. Chegou a trazer alguns remedinhos para gripe, que de nada adiantou.

No final do terceiro dia voltei ao hospital. Minha pressão era de 8 por 5. Fui direto para a enfermaria e submetida a uma série de exames: tomografia, novo raio-x e, aproveitando o embalo, providenciaram minha internação. Nesse momento eu me desesperei. Pensei que ganharia um supercomprido, um soro e pronto. Não contava com internação.

Pedi para chamarem o João. Ele chegou com ar preocupado. Tampouco contava com internação. Dessa vez o diagnóstico foi pneumonia e derrame pleural. Neste dia João ficou um tempão comigo, olhos arregalados, incrédulo. A combinação de palavras: derrame, pleura, retirada de líquido... soou como uma sentença. E daí ele sumiu.

Ficou três dias sem aparecer. Piorei. Passei a respirar com assistência de máscara de oxigênio. No fim de semana João voltou. Passou o dia comigo, agora muito mais assustado do que antes. Tudo se agravava: minha condição e seu espanto. Nesse dia, tudo o que pedi, ele fez. Se bem que, naquele estado, não pedi muita coisa...

Podia sentir que ele segurava minha mão, mas eu mal conseguia abrir os olhos.

Quando eu me lembrava que ao sair daquele hospital encontraria minha cama vazia, sem meu marido, caía em sono profundo. Nunca estive tão fraca. Na batalha para conseguir um emprego e sustentar sozinha minhas duas filhas, exauri todas minhas energias. Em vez de procurar forças para sair daquela cama, deixei meu corpo amolecer, embalada por um torpor que me levava longe, para tempos felizes que nunca mais voltariam. Voltei à minha infância, onde João também estava, onde sempre esteve...

...eu dirigia minha poderosa kawasaki pelas estradas da Califórina. Fazia um lindo dia de sol, um vento delicioso e a promessa de inúmeras aventuras pela frente. Estávamos nos anos 80, mais precisamente, 1982. Frank Poncherello era meu fiel parceiro da California Highway Patrol. Éramos conhecidos como Chips, um apelido carinhoso da sociedade, em homenagem às inúmeras vidas que salvamos. Éramos velozes e destemidos.

Anos 80, tempo de muita tensão no ar. Frank Pocherello era um homem bonito. Sexy, diriam. Isto eu percebia, e logo ignorava. Olhava para o horizonte e acelerava. Ele era um Chips, afinal de contas. Eu era um Chips! Tínhamos vidas a socorrer.

– Frank, pule daquela ponte!

– Como?

Parei a moto com um cavalinho de pau e apontei para o mar.

– Veja, Frank. Tem uma criança se afogando. Pule! Só você pode salvá-la, e se você não for, eu vou.

– Eu vou!

Frank tirou a camisa e me encarou, bravo.

– Ok! Eu vou, embora este não seja um serviço para os Chips. Não somos salva-vidas, John. Você deveria saber disso.

Então João ergueu o boneco até o banquinho de cimento e deu um mergulho espetacular, afundou no tanque de areia e nadou 200 metros até a folhinha seca. Amarrou-a nas costas e a trouxe de volta. Enquanto isso, arranquei o cadarço do meu tênis. Deu certinho: a ponta tocava a água do mar. Frank subiu com a folha seca nas costas. Peguei a criança e apertei seu peito para que cuspisse o aguaceiro que tinha engolido. Ela estava viva!

Se João não fosse Frank e eu não fosse John, poderíamos nos beijar. Seria uma bela imagem para fechar o episódio. Enquanto nos beijássemos, a folhinha sairia pulando, feliz e saudável. Teríamos um pôr-do-sol bem alaranjado às nossas costas. E mesmo eu não sendo John, nem ele Frank, contínhamos nosso impulso. O que nos separava era muito pior do que o código de disciplina da força policial da Califórnia. Estávamos no meio do pátio, no meio da EEIPG Napoleão de Carvalho Freire, e tínhamos 8 anos de idade. Foi assim que nossa história começou, brincando de Chips. Sempre existiu um sentimento puro e inocente entre nós.

Na hora do recreio dona Yolanda trazia lanche para João. Pelo vão do portão ela gritava:

– JOÃÃÃÃÃÃÃÃÃÃÃOOOOOOOOOO!!!

Ele largava o Chips e corria para buscar. Voltava com um copo de tupperware cheio de café com leite e um pão com manteiga embrulhado num guardanapo. Comia com um prazer patético. Acho que gostava tanto não pelo gosto, mas por estar quentinho, e por vir diretamente de casa, trazido pela mãe, tudo isso junto, num só lanche. Era como um afeto comestível. Eu só via o copo de tupperware cheio de café com leite e aquele pão se esfarelando a cada mordida. Enquanto João se deliciava com aquele lanche, eu controlava minhas caretas de puro nojo. No final, ele pegava uma pilha de três bolachinhas de morango. Oferecia, eu recusava. Ele levantava os ombros e comia suas bolachinhas de morango, feliz e tranqüilo. Desde crianças éramos cúmplices. Havia um acordo entre nós. Éramos melhores amigos e portanto não caçoaríamos um do outro. Por mais que aquele lanche me parecesse horrível, eu não diria um "a". Estávamos livres para caçoar de qualquer outra criança, adulto, professor, nossos irmãos. Mas jamais um ao outro. Era uma sensação tão confortável! Ao lado de João, acreditava que nada de ruim pudesse me acontecer.

Foram 12 dias de internação, com altas e baixas. Eu só conseguia dormir sentada, para não engasgar. Tossia ininterruptamente. Quando não tossia, chorava pela dor, e pela minha desgraça. Chorava ainda mais ao ver as expressões dos visitantes. Era olhar para mim e se assustavam, não conseguiam nem disfarçar. Então eu me assustava, vendo aquelas expressões de terror. Voltava às minhas lembranças...

... eu sempre me senti meio nômade. Passei a infância e adolescência mudando de casas, morando sob diversas combinações: vó materna, vó paterna, pai e madrasta, casa com tios, casa da tia. Uma casa tradicional – com pai e mãe – eu só tive até os dois anos e meio, e dessa época não restaram lembranças. Depois que meus pais se separaram, fomos morar com minha avó materna, a vó Marina. Lá viviam: eu, meu irmão Adan (10 meses mais novo do que eu), minha mãe, minha prima Carla e minha tia Dorinha. Havia também o tio Zé: um corcunda ao contrário. Ele andava com a barriga empinada para frente e a cabeça tombando para trás, desafiando todas as regras anatômicas. O tio Pingo morava numa casinha aos fundos, calado, eternamente recluso.

Era uma casa austera. Minha vó Marina, uma devota passional, acordava no meio da madrugada, colocava-se de joelhos e rezava. Tinha dias em que chegava a rezar dez horas sem parar. Com tanta reza, seus princípios cristãos contaminavam a casa toda, principalmente tia Dorinha. Era ela quem os aplicava ao dia-a-dia. Apesar de até hoje eu ser católica convicta, já naquela época tinha discernimento para saber que o apostolado pregado naquela casa não condizia com nossa realidade.

Uma das máximas era que a mulher divorciada traz desonra para a família. Em outras palavras: minha mãe. Naquela casa, mamãe comeu o pão que o diabo amassou. Não podia sair ou ter amigos. E caso os tivesse, não podia recebê-los em casa. Foi decretado que ela não poderia namorar nunca mais. Quando saía, meus tios a seguiam. E para evitar complicações, ela não podia atender ao telefone. Era como se mamãe estivesse de castigo eterno por ter se divorciado. Era uma punição por não ter conseguido segurar seu marido. Afinal, dizia a apostila da casa: a mulher deve ter um marido que a sustente. Falando assim, é difícil acreditar que tal casa situava-se em Moema, São Paulo, anos 80. Ao mesmo tempo que eu recebia uma educação rígida e antiquada, no radinho da cozinha Rita Lee cantava que mulher é bicho esquisito, não foge à luta. Eu concordava com Madame Lee.

Toda esta moral ficou incrustada em algum lugar da minha alma e veio à tona enquanto eu agonizava naquela cama hospitalar. Cresci acreditando que para uma mulher decente, não existe vida após o divórcio. E que caso ela perca o marido, a culpa é dela.

E mesmo no meio dessa repressão, minha mãe conseguiu tocar a vida. Desafiou uma estrutura sufocante, encontrou um amor, apaixonou-se perdidamente, casou-se e se mudou para o Rio de Janeiro. Bye-bye, baby!

Durante muito tempo guardei mágoas da minha mãe, por ter me deixado ali, com vó Marina e tia Dorianha. Só fui entender o seu lado da história quando passei pela mesmíssima situação. Hoje, sinto na pele o sofrimento que ela passou. Parece que estou revivendo a história da minha própria mãe.

Naquela época eu já percebia nossas dificuldades financeiras. Tinha também uma certeza: era preciso fazer alguma coisa. Trabalhar!

Quando concebi meu primeiro projeto comercial, mamãe não morava mais conosco. Ela nos visitava diariamente. Nossos encontros eram na cozinha. Eu granulava brigadeiros e ouvia a conversa das mulheres. Mamãe, com as mãos lambuzadas de manteiga, deixava o brigadeiro lisinho deslizar pela palma da mão até cair na piscina de granulados. A partir daí, era comigo. Saíam de lá perfeitos e tentadores, do tamanho ideal para jogar na boca sem morder. Eram os mais gostosos do planeta. Sem dúvida que eram. E foi aí que me ocorreu: "e se eu saísse pela rua vendendo brigadeiros?"

Tive apoio total. Mamãe confeccionou algumas caixinhas e as enfeitou com fitas coloridas. Poucos dias depois, lá fui eu!

Depois que minha mãe se mudou para o Rio, passei a fazer tudo sozinha. Lembro que enquanto fazia meus brigadeiros, minha vó rezava. Eu tentava imaginar o motivo: para eu vender bastante? Para que Deus me protegesse? Para que eu não puxasse à minha mãe e fosse para o Rio de Janeiro também? Sei lá... Na dúvida, ia enrolando os brigadeiros.

Era ainda criança quando fiz meu primeiro curso de culinária no supermercado Alô Brasil. Sempre adorei cozinhar e encontrei aí uma maneira de ganhar algum dinheirinho, logo cedo. Comecei com brigadeiros para as vizinhas e conforme fui crescendo, tentei receitas mais elaboradas: empadinhas, coxinhas, risólis, sanduíches naturais e bolos. Nunca fui boa aluna, repeti várias séries. Mas uma coisa é certa, nunca fui preguiçosa. Se na escola faltava determinação para estudar, na vida real eu era uma empreendedora nata!

Nesta época, todo final de tarde, João tocava a campainha de casa. Eu fazia cara de surpresa, como se não soubesse o motivo da sua visita. Ele também sempre fazia questão de explicar:

– Minha mãe mandou eu ir até o supermercado comprar açúcar. Passei para falar oi.

– Passe aqui na volta... – eu dizia.

Ele seguia para o supermercado, eu voltava para dentro de casa. Esperava sentada no sofá da sala, sabia que era questão de minutos e ele voltaria. Batata! Tocava a campainha e eu fazia a mesma cara de surpresa:

– Oi, João! Vamos brincar de esconde-esconde?

Adan, meu irmão, vinha correndo. Era João largar o pacote de açúcar na mesa da cozinha e a brincadeira já estava valendo. Na primeira vez que João esqueceu de voltar para casa, dona Yolanda apareceu no portão com os olhos vermelhos. Achava que tinham seqüestrado o filho. Choramingava e soluçava, contando que ele tinha saído para comprar açúcar e ainda não tinha voltado. João, escondido, ainda não tinha se dado conta da tragédia doméstica. Era minha vez de bater pique. Teria de encontrar João o quanto antes e devolvê-lo para dona Yolanda. Era como uma história de princesa ao contrário!

João sempre foi excelente em esconde-esconde, um talento que veio a ser de extrema serventia depois de casado. Mas, para seu azar, eu era tão boa em perseguições quanto ele em fugir.

Mas nem sempre foi assim. Poucos anos antes, passei por um período de grande medo. Tinha cinco anos de idade e era tomada por uma sensação de pavor toda vez que saíamos de casa. Claro que todo mundo tomou meu comportamento como birra de criança. A idéia de sair de casa sem a companhia de um homem adulto me deixava em estado de puro pavor. Tinha crises horríveis. Agarrava-me à cama e implorava para ficar em casa. Não queria saber de brincar na rua, andar de bicicleta, nem que me convidassem para o programa mais divertido do mundo. Nem um passeio no Playcenter era capaz de me fazer sair desprotegida. E minha idéia de proteção era homens adultos. Ou seja, tio Pingo, o único que se enquadrava nesse perfil. Limitada pelos meus cinco aninhos, num mundo de adultos, não conseguia explicar nada disso. O termo "Síndrome do Pânico", só apareceu anos depois. Passei a freqüentar psicólogos. A conclusão era sempre a mesma: ausência de pai.

As crises foram diminuindo depois que conheci João. Ele virou meu companheiro inseparável. Desde então ele foi muito mais do que um Chips.

Certo dia nos beijamos. Estávamos conversando no portão da casa dele. Não me lembro o que ele falava, eu não devia estar prestando atenção. Outras coisas se passavam pela minha cabeça. "Vou beijá-lo". Ele falava e falava. Enquanto falava, ia se transformando em piscina. Eu, na beiradinha, balançava para frente e para trás. Pulo ou não pulo? A vontade era enorme, mas dava um friozinho na barriga. Então, fui balançando na pontinha dos pés, decidida a fazer conforme o destino resolvesse. Tombei para frente e smack! Dei-lhe um selinho. Abri os olhos e me assustei com o que vi. João, de olhos abertos, me encarava com um enorme ponto de interrogação na testa. Girei nos calcanhares e disparei. Saí correndo, feito doida. Ele vinha atrás de mim. Segui correndo. Fui até a esquina e me escondi atrás de um poste. Fiquei ali, estática. Espiei devagarinho. Era meu primeiro beijo e meu coração quase saía pela boca. Ele viraria a esquina? Esperei. Aquela esquina era um limite. Se ele viesse, eu teria de seguir correndo. Ele não me apanharia! Mas João não veio. Quando achei que a área estava livre, fui embora. Durante uma semana ficamos em greve um do outro, morrendo de vergonha.

Na semana seguinte, ou por conta de açúcar, farinha, sal ou óleo, ele voltou a tocar a campainha de casa.

Foi com ele que, anos mais tarde, dancei minha primeira música lenta. Durante muitos anos ele comentava sobre aquela garotinha com gel no cabelo. Lembrava-se da roupa que eu usava. Costumava dizer que fui seu primeiro, e único, amor.

Aquela não era a primeira vez que eu ficava confinada numa cama de hospital. Quando criança, sofri uma perda irreparável e também fui internada. E, exatamente como fazia agora, me deixava levar por pensamentos quaisquer, voltando a lembranças perdidas, num esforço de esquecer o presente...

...tinha nove anos de idade. Era noite de réveillon e eu brincava com meus primos na frente da casa da vó Marina. Uma fila de primos sentados numa corrente que nos servia de balanço, estávamos eufóricos com a virada de ano. Era o primeiro ano novo sem mamãe. Ela já começava seu novo capítulo. Estava no Rio, com seu namorado. Contagiados pela adrenalina da contagem regressiva, balançávamos cada vez mais, até que a corrente arrebentou e aquela fileira de primos caiu de bunda no chão. Para alguns, a história acabava aí. Não para mim. Vi, como que em câmera lenta, uma pedra enorme soltar-se do muro e voar em minha direção. Tive tempo de tirar uma priminha da trajetória da pedra. Mas eu mesma não escapei. A pedra caiu no meu pé, esmagando-o.

Fui levada para a mesa de cirurgia. Acordei algum tempo depois e vi um japonês passar por mim com uma bacia. Uma tenda impedia que eu enxergasse alguma coisa. Mas podia ouvir. Ouvi um teck. Imediatamente pensei em alicates. Aquele era um teck de alicate. E esta foi apenas a primeira vez que, sem querer, flagrei o que preferia não saber. Voltei a dormir.

Quando acordei novamente, estava numa sala branca cheia de crianças estropiadas. Meu vizinho de cama tinha o pé quebrado, e não tirava os olhos de mim. Virei para o outro lado e vi um bebê enorme todo queimado. Não quis ver mais nada, fechei os olhos e voltei a dormir. Acordei não sei quanto tempo depois com alguém mexendo no meu pé. E antes que eu pudesse abrir os olhos, ouvi o grito do menino ao lado:

– ELA NÃO TEM UM DEDO!!!

Depois que saí do hospital, não voltei para a casa da vó Marina. Fui transferida para a casa da minha madrinha. Eu teria de passar um mês de cama, sem pisar no chão. E lá fiquei, recebendo cuidados especiais e pensando na vida. Uma das coisas em que pensava era nos meus dois mundos. Enquanto na casa da vó Marina éramos muitos e vivíamos com pouco, deste outro lado, na família do meu pai, encontrava um mundo luxuoso. Toda manhã, a empregada Elza me acordava com uma linda xícara de porcelana, pintada com um desenho cheio de detalhes fascinantes. Assim que Elza saía do quarto, eu virava a xícara debaixo da cama. Odeio café com leite. Virava a xícara por vergonha de não tomar, por não poder me levantar e ir até a pia do banheiro, e por aquela ser a única rebeldia possível, imobilizada como estava.

Diariamente contribuía para uma pequena poça que foi se formando em baixo da cama. Em pouco tempo o quarto começou a cheirar mal. Tiveram de trocar o carpete do quarto inteiro. Estavam todos com tanta dó de mim, que nem levei bronca. Esta falta de bronca me deixou desconfiada. Se estavam tão bonzinhos comigo, só podia significar uma coisa; que eu nunca mais voltaria a andar.

Era justamente por causa do contraste entre estes dois mundos que ganhei fama de metida, convencida e esnobe, já naquela idade. Este lado da família me enchia de presentes caríssimos. Assim, apesar da simplicidade de tudo ao meu redor, no meio da escassez da casa da vó Marina, aparecia um estojo importado da Hello Kitty, com compartimentos secretos, espelhinhos e todo tipo de apetrecho. Ou então, um carro pink da Barbie, conversível, poderoso e moderno, numa casa onde os moradores humanos não tinham carro. Nas férias eu viajava para Miami, China, Macao...

Tudo me parecia frágil nessa vida dupla. Tinha perdido a mãe, agora o dedo. Não conhecia nenhuma criança que tivesse perdido o dedo. Mas se a vida tinha me tirado um dedo do pé, o que mais ela podia me tirar? Eu sabia a resposta. Era óbvio: tudo.

Quando minha tia fazia curativos, eu fechava os olhos, ou olhava para a televisão. Na hora do banho, ficava parada de tal jeito, que não via. Passei a tomar duas injeções diárias de penicilina, para combater o risco de gangrena. Vivia de meias. À cada troca de roupa, mudava a meia e pronto. Cheguei a ir à praia de meia e tênis. Na piscina, dissimulei a falta de dedo com uma maestria impressionante. Quem não esteve naquele réveillon, nunca soube. Minha maior preocupação era virar Samantha Que Não Tem Um Dedo.

Durante quatro anos, eu me condicionei a não olhar para meu próprio pé. E por algum tempo, achei que poderia viver assim, fugindo do meu defeito. Na época, eu achava que estava apenas me preservando. No entanto, todo esse malabarismo provocaria um impacto profundo na minha personalidade. Eu estava aprendendo a sofisticada arte da dissimulação, e ficava cada dia melhor naquilo.

Aos doze eu o encarei. Não era tão tenebroso quanto imaginava. Não sei por que, mas imaginava que encontraria uma bola de pele na ponta, algo morto e alienígena. Mesmo tendo visto, vesti a meia e continuei a evitá-lo. Escondi aquele pé até os 16 anos de idade. Ele só se revelou numa viagem à praia, com André, meu primeiro namorado. Então não teve jeito. Eu já estava parecendo uma louca, andando pela areia afundando os pés.

Teria de contar. Comecei com preâmbulos que só pioraram a situação. Durante duas horas falei do meu segredo, que estava prestes a revelar.

André, tão obcecado com perfeição e beleza, achou aquilo a coisa mais engraçada do mundo.

Aos poucos, fui fazendo as pazes com meu defeito, mas nesse ponto eu já era mestra em disfarces. Esta mutilação despertou em mim um talento para encobrir problemas. E durante muito tempo esta passou a ser minha reação natural perante uma série de coisas...

Entre o coquetel diário de remédios que eu tomava, enviaram também uma psicóloga do hospital. Ela puxou uma cadeira para junto da cama e disse que estava ali para me ajudar. Disse que eu não podia continuar daquela maneira, evitando a realidade.

E lá veio mais um diagnóstico: depressão pela perda do marido. Então ela falou tudo aquilo que eu já estava careca de saber, que era necessário reagir. Quanto mais ela falava, mais eu me dava conta de que não queria reagir; preferia morrer. Não tinha vontade alguma de melhorar, ficar forte. Ficar forte para quê? Depois daquela cama, eu não tinha mais para onde ir. Tentei encontrar inspiração nas minhas filhas. Mas também não consegui. Cada vez que vinham me visitar, elas ficavam tão tristes... Vendo a tristeza delas, eu sofria cada vez mais. E assim fui cavando um buraco, para depois me enterrar. Voltava aos tempos felizes...

....com dez anos de idade eu chupava sorvetes Yopa, um atrás do outro, até juntar cinco embalagens. Este era o ingresso para a pista de patinação Yopa do Shopping Ibirapuera. Nunca fui boa em patinação. Segurava na barrinha e me deslocava em cima do gelo. Enquanto isso, João passava voando por mim. Uma hora, rodopiando feito um bumerangue. Depois, de costas, uma perna no ar. Depois fazendo ziguezague e desviando dos menores, enquanto me estimulava a largar a barra. Tinha vezes em que João passava com o corpo inteiro no ar, rindo. Só então eu largava da barrinha. Tampava os olhos. Achava que ele ainda ia morrer fazendo aquelas coisas! E caso não morresse, ia meter as lâminas do patins na cabeça de alguém. Mas João nunca se feriu e nem matou ninguém com seus patins voadores. Tornou-se, isto sim, bicampeão paulista e campeão brasileiro de patinação artística!

De vez em quando pegava na minha mão.

– Larga essa barra e vem comigo!

Eu ia. E aí era maravilhoso. Eu patinava que era uma beleza! Dava voltinhas, ia a toda velocidade, ultrapassava os outros e quase arrancava o braço do João, de tão forte que me agarrava a ele.

Esse era nosso programa favorito de fim de semana. Os anos foram passando e João evoluía suas manobras. Com 15 anos não era mais pista da Yopa. Agora íamos ao Shopping Eldorado, e quem visse, achava que éramos namorados. Já tínhamos idade para namoro, mas não éramos. A namorada de verdade estava bem ali, esperando sentada. Chamava-se Jacira e desejava minha cabeça numa bandeja. Não sem motivo... Nesta época João inventou uma história mirabolante aos moldes de Romeu e Julieta. Disse que eu era sua ex-namorada. Havia namorado comigo durante um ano, mas o namoro acabou porque meus pais haviam proibido. E, como frase de efeito, para amarrar a história, dizia: "Mas ela é a mulher da minha vida". A historinha chegou aos ouvidos de Jacira, aos meus, aos da turma inteira. Foi aí que comecei a desconfiar.

João largava da minha mão e seguia nas suas acrobacias, com um jeito feliz de quem vai criar asas a qualquer momento. Parecia que, nessas horas, não pensava em mais nada, ia leve como uma pluma. Eu, agarrada àquela barra, maquinava minhas primeiras estratégias de conquista. No meu caso, no entanto, não teria historinha alguma circulando pela turma. Minha paixão por ele continuaria secreta por uns bons anos. Além do mais, se eu era mesmo a mulher da vida dele, não tinha necessidade de disparar no ar, dar três piruetas consecutivas e cair numa perna só.

Quando João vinha me visitar no hospital, eu o questionava. Queria saber o motivo da nossa separação. Achava que se eu tivesse uma explicação, podia começar a reagir. Teria um dado por onde começar. Seria uma maneira de sair do meu torpor. Eu precisava de uma âncora. Suas respostas eram vagas:
– Não é hora para falar sobre isso...
– Você não está preparada para isso.
– Vai ser pior saber.
– Que diferença faz?
Eu insistia. Ele continuava:
– Você não tem condições emocionais, nem psicológicas, para saber.
Esta resposta foi a que mais me irritou. Suas evasivas fizeram com que eu começasse a cogitar os motivos mais estrambóticos. João saía do quarto e entrava a psicóloga, com suas orientações profissionais para casos de separação conjugal. Reagir era a palavra de ordem.
A psicóloga pedia para eu falar sobre João. Eu explicava que não entendia os motivos, e dava detalhes. Quando contei que pouco antes da crise, nosso casamento estava na melhor fase, inclusive sexualmente, a psicóloga deu um sorrisinho:
– Quando homens melhoram o desempenho sexual e a

constância, sem motivo aparente, pode apostar que é para compensar alguma coisa.

...Eu tinha apenas 16 anos quando provei o gosto amargo de descobrir que existe "a outra". Mas então, graças à ousadia natural da adolescência, encarei a situação como se fosse um duelo. A outra, neste caso, era Alessandra, estudante de psicologia. Nesta época André cursava engenharia. Quanto a mim, ainda estava no colegial. Nosso namoro não chegou a acabar. Mas foi esfriando... Minha primeira estratégia foi fazer um regime radical. Eu era meio gordinha. Para ser exata: estava 8 quilos acima do peso. Achei que essa poderia ser a causa da traição. Ora... Imaginem minha surpresa quando descobri que Alessandra era mais gorda do que eu! Mas, tudo bem, pelo menos emagreci, mesmo que por conseqüência da minha neurose. Eu continuava a freqüentar a casa do André. Ajudava-o nos seus trabalhos de engenharia. Enquanto montava suas maquetes (adorava esta parte), ia pescando informações para descobrir quem era a outra. Eu sabia que ela existia, e queria saber mais sobre ela. Só não tinha coragem de perguntar diretamente ao André. Por quê? Bem... orgulho. Afinal, eu era a namorada oficial. Quem, senão a namorada oficial, faz os trabalhos de faculdade? Hã?

Curiosamente, Alessandra também sabia da minha existência e queria me conhecer. A empregada foi nossa agente. Um belo dia, quando André não estava por perto, ela disse que ele estava levando uma outra moça para lá. E não era para montar maquetes... Perguntei se ela poderia me fazer um favor. Pedi que entregasse um bilhete para a outra. Minha estratégia funcionou. Começamos a nos corresponder através da empregada. Até que um dia Alessandra disse que queria falar comigo. Passei meu telefone. Conversamos longamente e Alessandra topou o estratagema: colocaríamos em cheque o amor de André! Hehehe. Primeiro, uma telefonava para ele e marcava um encontro em determinado local, num determinado horário. Cinco minutos depois, a outra telefonava marcando encontro no mesmo horário. Íamos contabilizando suas escolhas. Eu estava em vantagem. Na grande maioria das vezes, André optava por se encontrar comigo. De acordo com esta lógica, eu seria a vitoriosa. Mas o problema era que, mesmo com menor freqüência, ele continuava se encontrando com Alessandra.

Teríamos de partir para atitudes mais extremas. Um combate cara-a-cara!

Fomos as duas, no mesmo horário, para a casa dele. A cena ficou por conta de Alessandra, que ao me ver, simulou um ataque de ciúmes espetacular. André ficou paralisado. Eu pedia explicações. Ele não respondia. Até que a simulação ficou realmente absurda e paramos para conversar. Alessandra sentou-se no balcão da TV. André e eu no sofá. Ela aplicou alguns conceitos básicos de psicologia e chegou à conclusão de que deveríamos ficar juntos. Tudo acabou bem. Ela sumiu, nosso namoro voltou ao que era antes. Final feliz? Nem um pouco. Depois desse episódio fui tomada por uma crise de depressão. Os sintomas eram os mesmos que tive aos cinco anos de idade. Não conseguia sair sozinha na rua. Sentia tremedeiras arrebatadoras, as mãos geladas, a visão embaçada. Certo dia, estava no colégio, e percebi que teria que voltar sozinha para casa. A amiga que sempre me acompanhava não poderia voltar comigo naquele dia. Tive de voltar acompanhada por um professor. Chegou num ponto em que não conseguia mais ir para o ponto de ônibus desacompanhada. Justo eu, sempre tão independente até então. A família interpretou meu comportamento como desculpa para não estudar. O resultado foi que repeti de ano. Nem com André eu saía mais. Ficava trancafiada dentro de casa, dormindo o tempo todo. Minha vó passou a levar comida para mim na cama. Eu chorava de medo. Medo de quê? Não sabia dizer. E isto, no meio dos meus 17 anos, quando todo mundo vivia na balada, em viagens de férias e milhares de programas. Um único pensamento passava pela minha cabeça: sou louca. Louquinha de pedra.

Nesta época surgiu o termo "Síndrome do Pânico". Só então a situação começou a se esclarecer. Minha vó percebeu que não era frescura. Eu percebi que não era caso de loucura. Comecei a me tratar e, principalmente, aprender a conviver com aquilo. Entendi, neste ponto, que aquilo era algo que vinha desde a minha infância e que estaria sempre comigo.

Lentamente, muito lentamente, fui melhorando. Aquela teimosia do João em não responder às minhas perguntas, e os sermões diários da psicóloga, foram a combinação perfeita para eu querer deixar aquela cama de hospital o mais rápido possível. Comecei a dar voltinhas no corredor, fazer sessões de fisioterapia. Voltinhas no corredor foi o máximo da humilhação. Me sentia como uma inválida. Mais inválida ainda do que quando estava na cama. Sei lá por que, achei que no dia que eu sarasse, pularia da cama, chamaria o elevador e bye-bye. Se era para sarar, que sarasse de vez. E assim, reagi. No fim, era tudo questão de cabeça. Foi só querer.

Como o tempo resolve tudo, fui me fortalecendo. Fui rompendo limites.

No meio da madrugada eu ia até o cyber café. Eram escapadelas curtas. O segurança logo me resgatava e eu voltava para o quarto carregada pelo braço. Nessa época cheguei a pesar 43 quilos, um fiapo de gente. Forçava-me a comer uma bomba de chocolate por dia, mas nem sempre conseguia.

Certo dia, decidi que já estava boa o bastante para uma fuga mais ousada. Almoçaria no restaurante do hospital! Entrei e dei de cara com meu médico. Imaginem a bronca... Mas, mesmo assim, joguei um charminho no doutor e lá almocei. Depois subi rapidinho para o quarto. Se estava conseguindo dobrar meu médico era prova contumaz de que voltava à normalidade. Três dias depois, tive alta.

parte 2

O antídoto

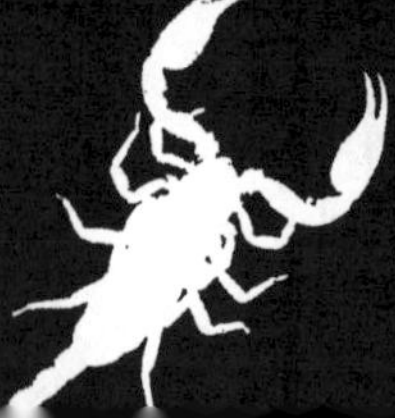

Verdade a Fórceps

A passagem pelo hospital foi como um ponto de virada. Percebi que a separação poderia acabar comigo, literalmente. João estava ótimo, fora de casa, morando sei lá onde, com sei lá quem, na sua nova vida. E eu? O que é que eu tinha de novo? Um emprego que, mal consegui, estava a ponto de perder, por ter ficado tanto tempo ausente. Voltei a trabalhar e decidi que era hora de cuidar de mim.

Desmontei o apartamento e entreguei as chaves ao proprietário: uma atitude mais que necessária por razões financeiras, e por ser uma maneira de me forçar a recomeçar. Sozinha, tive de encaixotar todas as nossas coisas, despedaçar a casa que montamos juntos, encerrar aquela história. Foi sofrido. Recolhi os destroços da nossa separação.

Fui morar com minha mãe numa casa que não tinha espaço para minhas filhas e eu. Elas passaram a dormir num colchão, sobre o chão gelado da sala. Eu, no sofá. Nossas roupas ficavam dentro de malas empilhadas num canto. Não tínhamos dinheiro nem para Mc Donald's. Elas choravam. Não entendiam esta mudança drástica e cruel. Além de nós três, ali viviam mais seis pessoas. No entanto, era isto ou nada.

Nossos móveis ficaram num depósito. Eu pagaria mensalidades para mantê-los lá. Mas depois de alguns meses, tive de doá-los. João ficou de pagar a quantia exigida pelo proprietário do apartamento, mas como ele evaporou, os fiadores foram acionados. A dívida, inicialmente de R$2.800, subiu para R$17 mil. Consegui, com muito esforço, renegociá-la para R$9 mil e R$ 3 mil em melhorias do apartamento.

Como estudante de direito, achava que João seria mais cauteloso. Achava que, no mínimo, providenciaria os papéis para o divórcio. Não mexeu um dedo. Mantinha-se indiferente à nossa situação. Certa vez, ele me deu R$200 e em outras duas ocasiões, uma nota de R$50. Quando emprestava o carro, era com o tanque vazio. Eu não podia depender dele para nada.

Vi as roupas das minhas filhas ficarem curtas, sapatos apertados. O tempo estava passando e tínhamos urgência. Aquilo me punha em desespero.

Além de tomar ações práticas, recriando rotinas para meu dia-a-dia, eu fazia esforços para me fortalecer emocionalmente. Reconheci que precisava de ajuda e comecei a fazer terapia. Caberia a mim, e a mais ninguém, reconstruir minha vida. A comparação com uma doença é muito apropriada, pois a sensação que eu tinha era exatamente esta. Antes de me curar, tinha de conhecer o quadro clínico. Existia um tumor, e era isto que eu procurava.

Primeiramente, tinha de provar para João que estava melhor, que tinha as tais "condições emocionais e psicológicas" para saber a verdade. Passei a me controlar e parei de perguntar. Deixei o assunto descansar. Não foi fácil. Tive de me conter para não perguntar a única coisa que importava saber. Muitas vezes me vi prestes a falar. Rapidamente eu me calava. Se não fosse por esta disciplina, não teria conseguido ouvir, da sua própria boca. Enquanto eu me fortalecia, João continuava na sua nova vida. Aparecia em alguns fins de semana para ver as meninas. Chegava sábado à tarde e ia embora logo cedo no domingo. Então, num desses fins de semana, depois de não ter tocado no assunto há algum tempo, perguntei, como quem não quer nada:

— Confessa, vai. Você está namorando!

João não respondeu. Mas desta vez, pela primeira vez, em meses, não negou.

Parti para a próxima pergunta:

— Desde quando?

A resposta foi como um soco no estômago. Janeiro. Em janeiro estávamos bem! Estávamos numa fase ótima. Por alguns instantes, achei que estivesse errada e recapitulei os acontecimentos de janeiro. Sim, era uma época tranqüila. Quis saber mais:

— Como a conheceu?

Respondeu que isto ele não diria jamais e virou o rosto. Não conseguia mais me encarar. Insisti. Ele continuava cabisbaixo, chutando pedrinhas pelo passeio. Se ele ao menos olhasse para mim! João se fechou. Por mais que eu implorasse, ele se recusou a dizer um "a" a mais. Depois de 23 anos de relacionamento, a gente sabe até onde ir. Estava perante um muro.

Aguardei alguns dias e retomei o assunto. Desta vez tivemos uma conversa séria, sem as meninas por perto. Confesso, foi uma pequena inquisição. Ele já tinha se dado conta de que enquanto não respondesse minhas perguntas, eu não sossegaria. Sim, venci pelo cansaço. Mas que outro jeito? Claro que tudo poderia ter sido mais simples, menos sofrido. Se ele concordasse em falar, eu não precisaria ter atormentado o tanto que atormentei. Por mim, preferia ter descoberto tudo de uma vez. Mais tarde eu soube o motivo da omissão. João achava que se eu fosse sabendo aos poucos, seria mais fácil de suportar. Como se estivéssemos falando de um tratamento homeopático. O que ele tinha a me revelar era algo sórdido e maligno, que preferiu me servir de pouquinho em pouquinho. E a cada colherada eu me deixava intoxicar cada vez mais, sem ter idéia do tipo de veneno que ingeria.

Até então suportei esta técnica nefasta. Mas depois de ter definhado numa cama de hospital, alcançado meu pior estado físico, mental e emocional, eu queria tragar tudo de uma vez. Queria, mais do que qualquer coisa, iniciar meu processo de cura. Enquanto ele não acabasse de me ferir, eu não poderia cicatrizar. Foi preciso uma série de conversas para que me desse por satisfeita. A cada conversa eu descobria um pouco mais. Era uma espécie de negociação.

Até que um dia decidi parar e escrever. Havia alcançado uma lista de 91 itens. Foi a partir desses fatos, colocados no papel, que pude finalmente começar a agir. Foi um alívio. Foi como sair de um estado de loucura. Entre estes itens:

– Nome: Raquel.
– Idade: 20 anos.
– Residência: morando sozinha.
– Endereço: Moema.
– Profissão: trabalhava com um lap-top. (As meias verdades são as piores!)

Perseguição

Passei a persegui-lo. Deve ser algo no inconsciente feminino, do tempo em que eu ainda acreditava em príncipes encantados, pois iniciei minha perseguição com um sapatinho. Só não era de cristal.

Pedi a João que trouxesse um par de sapatos que havia esquecido no carro. Já sabia que ele não subiria para me entregar o sapato pessoalmente. Deixou-o na portaria. Perfeito. Era exatamente o que eu queria, pois não me encontrava lá em cima, mas estacionada na rua, escondida dentro do carro de um amigo. Assim que João entrou no carro, partimos. Na metade da rua ele nos ultrapassou, conforme desejávamos. Agora ele guiava, e a gente seguia. Meu coração quase saía pela boca. Seria emocionante, se não fosse pelo motivo da perseguição: descobrir onde meu marido estava morando...

Ao final da rua ele virou à direita e cruzou a avenida. Ficamos presos no farol. Vacilamos em acelerar e dar bandeira. E neste ponto João sumiu. Ainda rodamos pelo bairro, mas nem sinal dele. Que ódio! Hoje sei que passamos em frente ao prédio onde ele estava morando. A esta altura, o carro (meu, por sinal) já estava bem escondido na garagem.

Não desanimei. Aquela tinha sido apenas a primeira tentativa. Era questão de persistência. E isto, como boa capricorniana, eu tenho.

Da segunda vez usei duas armas poderosas: a posse do carro e minha sogra. Algumas semanas haviam se passado, quando novamente consegui pegar meu carro emprestado. Depois que o desocupasse, fiquei de deixar o carro na casa da minha sogra. Pois lá deixei e fiquei. Mas João nunca apareceu... Você deve estar se perguntando: por que eu não pegava o carro de volta, já que era meu mesmo, e pronto – ficava com ele de vez? Porque na nossa separação tudo foi muito nebuloso. Se em certos dias eu tinha certeza de que não havia volta, em outros parecia que era uma crise que já estava passando. E no meio desta confusão, temia tomar qualquer atitude drástica e destruir as chances de uma possível reconciliação. Até descobrir a existência da Bruna Surfistinha, eu ainda considerava a possibilidade de retomar o casamento, mesmo com todo o desgaste emocional. Cultivei esperanças até o fim, até saber tudo o que sei hoje, até minha história vir a público.

A única ocasião em que, com certeza, eu o encontraria, era durante os fins de semana em família. Depois que entreguei o apartamento, eles passaram a acontecer na casa da minha sogra. Dormíamos os quatro juntos, dentro de uma barraca de casal, montada no quarto do irmão dele. Esta era a única maneira de termos alguma privacidade. Dito assim, parece ridículo: montar uma cabana dentro de casa. Mas até aí, a situação toda era ridícula. Ficávamos os quatro na barraca, brincando de acampamento. E nessas ocasiões João voltava a ser o que foi um dia. Parava de fugir e curtia minha companhia. Havia a troca de olhares, os silêncios incômodos, as gafes. Era como se tivéssemos voltado à época do Chips. Passávamos um tempão relembrando o passado. Ficava a dúvida: será que um de nós vai ceder?

Minha sogra dava o maior apoio. Ela viajava nesses fins de semana para que ficássemos a sós. Depois, telefonava para saber se eu havia feito progresso. Certa vez, disse que eu deveria atacá-lo no meio da noite. Por um momento fiquei chocada. Onde já se viu, minha sogra dar conselhos desse tipo! Logo em seguida, percebi que ela tinha toda razão. Por que não pensei nisso?

Pois bem, numa dessas noites de barraca, coloquei as crianças para dormir e armei o cenário: queijos, vinho e "Titanic" na TV.

Tudo estava tão perfeito que nossa pequena Marrie resolveu participar. Juntou-se a nós no sofá e ficou acordada até o fim do filme. Não tivemos um minuto de sossego. Voltamos para a barraca, deitamos e só então Marrie dormiu. Começamos a conversar sobre trivialidades. Mas eu estava disposta a ir além. Comentei sobre como sentia falta dele e perguntei como ele podia aceitar essa coisa de dormirmos colados um no outro, dentro de uma barraca. A conversa foi ficando mais quente e sua voz, trêmula. Ficamos abraçados por um bom tempo, pensei em beijá-lo. Se fizesse isso, eu seria a amante do meu próprio marido. Mas como não estávamos separados no papel... Senti sua respiração acelerada. Quis matar a saudades, reconquistá-lo. Ao mesmo tempo, sentia-me péssima: como poderia querer de volta um homem tão indeciso, que saiu de casa sem mais nem menos, e agora se comportava dessa maneira leviana? No meio de tanta decepção, acabei dormindo em seus braços, embalada pela sua respiração. Não fui além. O que sentia era pura carência. Não queria aquele homem de volta.

Graças a esta intimidade que ressurgia de maneira tão estranha e confusa, João começou a falar mais. Eu pescava cada palavra-chave que ele soltava sem querer. Depois – assim que chegava em casa – anotava tudo num caderninho. Com isso, consegui fechar o cerco. Em certa ocasião, ele disse:

"Estou esperando o carro subir".

Raciocinei: carros não sobem sozinhos. Havia um manobrista. Carro em garagem subterrânea, com manobrista, é típico de flat ou hotel. Ele não tinha dinheiro para viver num hotel. Portanto, flat!

Numa outra ocasião, quando perguntei se ele estava se alimentando bem, pois sua saúde estava visivelmente abalada: olheiras, ar cansado, desconcentrado, fraco – ele respondeu que sim, que estava tomando ótimos cafés da manhã, com direito a mamão papaya e queijo branco. Nenhum dos seus amigos solteiros teria mamão papaya e queijo branco na geladeira. Isso é coisa de hotel. Ele insistia em dizer que estava morando com amigos...

Juntei a isto outro dado importante. Certa vez ele saiu da casa da minha mãe e, em menos de cinco minutos, telefonou dizendo que estava "em casa". Daí concluí que seja lá onde fosse esta "casa", ficava a menos de cinco minutos de distância. Em Moema não são muitos os prédios com serviço de manobrista e garagem subterrânea. Agora era só identificar os prédios que se encaixavam nesse perfil, montar guarda. A primeira opção que me veio à cabeça foi o Place Vendome. Este flat fica em frente ao Fran's Café da Avenida Moema, um lugar onde João e eu íamos bastante. Chegamos a fazer amizade com os garçons, conhecemos o dono. Era um lugar familiar.

Foi pura intuição. Algo me dizia que era lá. Não sei explicar o motivo, fora esta familiaridade e um sexto sentido. Era como se alguém soprasse ao meu ouvido: "é lá". Esta cisma era tão forte, que numa noite de segunda-feira resolvi que era hora de acabar com aquilo. Era como se já soubesse. Bastava confirmar. Entrei no Fran's com o coração disparado, as mãos geladas. A sensação era de uma caçadora muito, muito próxima da sua presa. Eu sabia que estava em território inimigo. Nada disso é racional. Só posso justificar esta mórbida coincidência como instinto feminino, pois assim que pisei no Fran's, dei de cara com Bruna Surfistinha. Travei.

Não sei quanto tempo se passou. Não dei um passo a mais. Onde estava, parei, como que impossibilitada de me mexer. Grudei os olhos nela e perdi o fôlego. Reconheci a cabeleira. Uma cabeleira absurda, que cobria metade do seu rosto e descia até a cintura. Ali estava a fonte dos cabelos que andei colecionando. Cheque-mate!

Ela bebia uma cerveja long-neck no gargalo, os pés cruzados em cima de outra cadeira. Parecia muito à vontade. O tipo de posição relaxada de freqüentadora assídua. Sentei-me na mesa ao lado. Estava acompanhada da minha irmã, e fiquei completamente transtornada. Não consegui me controlar, mudei de mesa. Disse à minha irmã:

– Vamos mudar de mesa que o clima aqui está meio quente.

Poucos minutos depois Bruna Surfistinha levantou-se, pagou pela cerveja e atravessou a rua. Entrou no Place Vendome!

Bruna Surfistinha no Box do Banheiro

Desde o encontro no Fran's Café, fiquei com a imagem daquela mulher na cabeça. Precisava apenas de uma confirmação, pois algo me dizia que era ela. Por quê? Difícil dizer. Afinal, pensando friamente, era apenas uma loira que bebia cerveja num Fran's Café.
Liguei para ele:
— A sua namorada tem um piercing na cara?
— Tem, e daí?
— Eu a conheci.
Ele ficou mudo.
— João, sua namorada é uma garota de programa!
— Por que você diz isso?
— Porque está escrito na testa dela.
Silêncio...
— Você não percebeu que ela é prostituta?
Ele dizia que eu estava sendo preconceituosa. Eu gritava, indignada.
Uma semana depois, estava dando uma carona para minha mãe, quando, ao abrir o porta-malas, para pegar o casaco da Isabella, encontrei a pasta de trabalho do João. Lembrei-me então que meses antes, eu tinha pedido para ele revelar alguns filmes fotográficos. Mas logo me dei conta de que João não se importava mais com esse tipo de coisa. Ele não teria se lembrado dos filmes, e caso tivesse, não teria perdido tempo revelando fotografias da sua ex-família. Ao perceber tudo isso, fui tomada por tamanho ódio, que meti a mão na pasta. A primeira coisa que senti foi um papel com textura de fotografia. Por um segundo meu coração se alegrou, cheio de esperança. Puxei a foto e dei de cara com uma loira pelada esfregando-se num box de

banheiro. Metade do corpo para dentro do box, metade para fora. Um piercing na boca. Era a mesma mulher que dias antes eu havia visto no Fran's Café! A mesma que ao me ver, saiu batendo pé. Virei a foto e lá estava: "Ao meu ex-cliente e namorado... Te amo... Bruna Surfistinha".

Nessa época Bruna Surfistinha ainda não tinha lançado livro, de modo que aquele nome não dizia nada para mim. É claro que ao ler "ex-cliente", entendi de que tipo de pessoa se tratava: uma prostituta. Estava em estado de choque. Tentava me controlar e não desabar ali mesmo. Na minha cabeça martelavam as palavras: "ex-cliente" e "namorado". Eu queria saber mais. Bruna Surfistinha? Só podia ser seu nome "artístico", ou seja lá como elas se caracterizam. Codinome? Pseudônimo? Só sabia que tinha jeito de nome de trabalho.

Entrei no carro e, tomada por uma mistura de desespero e indignação, olhei para minha mãe e contei tudo o que tinha acabado de descobrir. Ela ficou ainda mais incrédula do que eu. Eu estava a caminho de casa, mas dei meia volta e, com minha mãe ao meu lado, fui até o clube de swing. Pedi para ela esperar no carro. Recorri novamente ao segurança do clube. Mostrei a foto e perguntei se a conhecia. Ele quase caiu para trás ao ver aquela mulher pelada no box do banheiro, e a minha cara, perplexa.

— É a Bruna Surfistinha. Ela tem um blog.

Quando deixei minha mãe na porta de casa, ela ficou ali parada, sem se mexer, até eu virar a esquina. Ela parecia ter perdido o controle das reações. Eu saí voando para o computador. Comecei a ler e não parei mais.

Overdose de Blog

Li tudo o que consegui. Depois, saturada de uma quantidade sufocante de relatos de transas mecânicas, transas com química, transas sem química, orgias, relações lésbicas, iniciação de menores uniformizados, sexo casual em casas noturnas e depravações de toda espécie, fechei o computador e durante as três horas seguintes fiquei petrificada, como uma morta-viva.

Quando voltei a mim, fui diretamente ao blog para conferir se era aquilo mesmo. Uma coisa eu tenho em comum com Bruna Surfistinha. Também gosto de escrever diários. Coleciono caderninhos onde escrevo relatos do que está acontecendo na minha vida. A comparação foi inevitável. Abria meu caderninho em determinado dia da crise e entrava no arquivo do blog dela. O nome era outro. Lá ele era Pedro, e tudo se encaixava perfeitamente com o surto do meu João.

O dia em que ela comemora o começo do namoro, é o dia em que ele não dormiu em casa pela primeira vez. O dia em que ela narra o primeiro beijo, para mim foi uma noite em claro, chorando desesperada. O dia em que Pedro apareceu de surpresa para Bruna Surfistinha, foi para mim o dia em que João desapareceu no meio da noite.

Durante meses quis saber o que estava acontecendo. Lá estava, disponível para quem quisesse ler. Soube de todas as vezes em que ela "fez amorzinho" com o meu marido, e como foi. Passei dias lendo e relendo os cacos da minha vida, na narrativa de uma estranha, de uma prostituta. Foram dias sem vida. Durante esses dias, um pouco da minha alma se foi. Eu parecia um corpo vazio que se movimentava pela casa, em estado de choque, sem emoção alguma dentro de mim, nem raiva, nem medo, nem tristeza. Se João se transformou em Pedro, eu me transformava num vazio.

Tomei uma overdose do blog da Surfistinha. Fui atrás das suas comunidades no Orkut, busquei saber o que as pessoas pensavam dela, procurei fotos na internet.

Logo João, que nem gostava de conversar sobre sexo, que ficava sem jeito, todo inibido de discutir sobre isso... O que é que ele conversava com a namorada?

O vazio passou. Eu estava saturada daquela criatura.

Da próxima vez que o encontrei, não tive dúvidas. Perguntei na lata:

— Você tem duas namoradas?

— Não, uma só — respondeu, mal-humorado.

— Quem é Bruna, então?

Ele ficou branco. Perdeu a fala. Então eu comecei a falar. Disse que estava indignada, que aquilo só podia ser uma piada de péssimo gosto, que ele não podia estar levando aquele namoro a sério. Enquanto eu falava, ele fumava. Lembro que abriu um maço e fumou-o inteirinho, um atrás do outro, só ouvindo e esbranquiçando cada vez mais. Nem tentou se defender. Eu questionava o absurdo daquela situação. Assumir namoro com uma prostituta! Como é que se namora uma prostituta? O que é o namorado de uma prostituta? Eu questionava o aspecto moral do seu comportamento. Milhares de mulheres são trocadas. Isso eu podia entender. Mas não pela Bruna Surfistinha! Falei durante umas boas três horas, num tom baixo, pausado. Não gritei, não perdi a elegância. Queria que ele pelo menos percebesse que estava cometendo uma loucura. Enquanto estávamos ali, ela devia estar atendendo algum cliente. E como é que ele, sempre tão ciumento e possessivo comigo, podia aceitar aquilo? Como é que ele podia dizer que ela era sua namorada? Eu não entendia. Simplesmente não entrava na minha cabeça. No fim, ele derramou uma única lágrima.

— Você não entende... Passei por situações horríveis. Fiquei mal, mas ninguém manda no coração. Não posso fazer nada...

Meu Deus! A maneira como ele falava era de homem apaixonado. A paixão está a um triz da insanidade. Aquilo não tinha nada a ver com amor. Ele não vivia uma história de amor. Percebi que estava tomado por uma paixão doentia. Seu silêncio era um indício de que concordava com tudo que falei. Sabia muito bem que era absurdo assumir namoro com uma prostituta e acabar com um casamento feliz. Ele sabia de tudo isso. Fumava e se calava. Repetia que não podia fazer nada a respeito. João agia contra toda sua moral e bom-senso. Estava impotente.

Ao ouvir aquilo, que ele não mandava no seu coração, senti a punhalada da traição. Não... Não é assim! Conheço muito bem o poder arrebatador de uma paixão. Ela não é um vírus que ataca nosso organismo e, quando damos por ele, já é tarde demais. Há um ponto em que permitimos que a paixão nos domine. Ele permitiu.

Isto, sem falar de um detalhe fundamental. Bruna Surfistinha não bateu na porta da minha casa oferecendo seus serviços. Ele foi atrás dela. Não... Ele não era vítima. Ele foi atrás, levou sua picada e agora sofria as conseqüências.

Por último, insisti mais um pouco. Quis que ele dissesse, com todas as palavras, que não me amava mais. Ele se recusou. Implorei para que dissesse. Se eu ouvisse, seria mais fácil. Seria como um veredicto. Mas ele não conseguiu. Olhos baixos, abanava a cabeça. Tudo era confusão dentro daquele homem. Ele reconhecia a insensatez do seu comportamento, mas não encontrava forças para resistir.

Troca de Emails com Bruna Surfistinha

Mandei um email para ela. Sentia necessidade de falar. Ela havia mandado diversos recados para mim através do blog, e eu sempre quieta. Lia os maiores absurdos, sem possibilidade de responder. Acompanhava a vida do Pedro e custava a acreditar, sem nada poder fazer. Não podia mais suportar aquela passividade. Mandei um email, sim!
No mesmo dia ela respondeu.
Faço aqui um apanhado da nossa conversa. É um bom exemplo de percepção da realidade. Bruna Surfistinha tinha uma visão completamente distorcida do meu relacionamento com João. Fiz questão de esclarecer a verdade. Então ela respondeu contando aquilo que Pedro havia lhe contado. No fim, sempre fica a palavra de uma contra a outra. No meio de tudo isso, muitos conselhos (da parte dela). Ela gosta de dar conselhos. Da minha parte, apenas desabafos. Por mais que procure, não tenho nenhum conselho para Bruna Surfistinha.

"Infelizmente, para profundo desgosto meu, e azar das minhas filhas, você apareceu e resolveu ficar. Mas por que no meio de tantos, teve de ser o meu marido? Eu nunca imaginei que isso pudesse acontecer, uma vez que nós não tínhamos nenhum problema conjugal e, ao contrário do que você postou, ele não pensava em se separar de mim quando lhe conheceu."
A isto Bruna Surfistinha respondeu que ela não tinha ido atrás do meu marido, que João a encontrou na internet e foi atrás dela. Disse que, como garota de programa, estava num dia comum de trabalho e o atendeu como qualquer cliente. Disse que, com o tempo, João se tornou um cliente semanal. Falou que do terceiro programa em diante ele

começou a desabafar e falar sobre mim! Contou que o casamento estava fracassado porque eu não dava atenção para ele, e que tudo o que eu queria era curtir a vida e gastar dinheiro. Termina dizendo que eu tive sorte por ter tido um marido que me sustentava!

Fiquei enfurecida. Trabalho desde os 16 anos de idade. Já fui produtora de eventos, bartender no Friday's, trabalhei em lojas de Shopping, fui copeira de buffet infantil, fiz artesanato em madeira, e cheguei a montar – e administrar – um café.

Quando Bruna Surfistinha diz que sou madame, não sabe do que está falando. O que ela conhece é a versão do Pedro, que deformou minha história conforme lhe convinha. Juntos, passamos por muitas dificuldades financeiras. Nossa filha Isabella chegou a chorar por causa de uma bolacha de menos de R$ 2,00 e nem por isso entramos em crise. Sempre conseguimos contornar esse tipo de problema. A não ser durante o período de gravidez, jamais fiquei sem trabalhar.

Mas, continuemos... Escrevi também que:
"Não posso estar nem um pouco contente e estou longe de aprovar tudo isso que esta acontecendo. Ninguém quer ver o pai dos seus filhos indo embora de casa porque conheceu alguém a princípio mais interessante que a gente."

A isto ela respondeu que sempre me respeitou, pois desde nova resolveu que jamais se envolveria com um homem casado. Sua filosofia era: "Com tantos homens no mundo, por que ficar com um que já tem dona?"

Boa pergunta. Aliás, justamente a pergunta que eu me fazia.

Ela mesma responde em seguida, dizendo que não mandamos nos nossos corações.

Escreveu que, durante meses, João só ficou morando comigo por causa das nossas filhas.

Em seguida deu detalhes de como foi o dia em que se beijaram. Conta que neste dia estava ficando tarde e nada de João ir embora. Ela chegou a perguntar se ele – nesse ponto mais Pedro do que João – não tinha de voltar para casa. Contou que os dois dormiam abraçadinhos no sofá, pois ela morava com uma amiga, detalhes assim.

Escrevi também:
"Sua história com meu marido é realmente muito bonita. Imagino como deve ser bom ter alguém que se sujeita a tantas coisas para estar ao seu lado. Digo isso porque você não o conhece e, quem sabe, nunca irá conhecê-lo como eu, pois Pedro – como você prefere chamá-lo – é outro homem. Esse eu não conheço e nem quero conhecer.

Escrevo também para deixar claro que eu nunca tive e nem tenho intenção de infernizar sua vida. Não faço as coisa de propósito como você escreveu no seu blog"

[No blog ela havia escrito que quando me encontrou no Fran's Café, preferia ter visto o diabo na frente, mas não queria ter me visto. Nessa ocasião, apesar de eu não saber quem ela era, ela já sabia de mim. João havia lhe mostrado uma foto minha. Por isso escreveu que o encontro a deixou muito triste, e que eu fui até lá para criar constrangimento e infernizar sua vida. Termina dizendo que quando chegou em casa, foi dormir sentindo-se um lixo.]

"Quem nunca queria ter lhe visto era eu, e para mim você é o diabo. Eu não fiquei triste porque sei quem sou. Conte isso pro seu analista e peça a opinião dele. Você não precisa se sentir um lixo. A gente simplesmente é o que é."

Na sua resposta ela diz que como eu, cresceu sem pai por perto e nunca soube de pessoas que morreram por crescerem sem o pai. Disse que minhas filhas não morreriam por não terem um pai mais presente. Termina dizendo para eu ser feliz, curtir a vida e não ter raiva dela. Assinou com um "Boa Sorte!!"– dois pontos de exclamação.

No dia em que se aposentou, escreveu um longo texto de despedida no seu blog. Dizia que tinha encontrado o homem da sua vida. Fez uma lista de dicas para todos seus possíveis leitores. Dicas para homens que reclamam de suas mulheres, dicas para mulheres casadas, dicas para mulheres casadas e desconfiadas e finalmente: dicas para mulheres casadas que perderam o marido para uma garota de programa. E... surpresa! Escreveu que, neste caso, não tinha dicas para dar. Escreve que "destino é destino" e finaliza com "Meus sinceros agradecimentos..."

Veneno Esparramado

Demorei meses para ler "O Doce Veneno do Escorpião". Não queria saber o que ela fazia na cama. Não me interessava. Mas desde que o livro saiu, não passava um dia sem que alguém me perguntasse se eu já o tinha lido. Quando respondia que não, insistiam:
– Mas você tem de ler!
– Não quero ler. Não vou gastar meu dinheiro com isso.
– Leia, Samantha. Lá ela conta tudo. Tudo!
E eu lá queria saber de tudo? Eu não queria saber de mais nada. As pessoas me ofereciam o livro como se fosse um caderno de jornal. Depois de lerem, não faziam questão de guardar.
– Pode ficar com o meu. Já li.
Várias vezes peguei o livro na mão, olhava a foto na orelha e devolvia. No fundo, acho que tinha medo de descobrir o que estava escrito naquelas páginas. Até que um dia, abri minha pasta de trabalho e lá estava ele. Alguma colega tinha colocado o livro ali. Respirei fundo e li.
A cada página eu arrepiava. Bruna Surfistinha teve uma vida muito melhor do que a minha! Teve todas as oportunidades. Podia ter cursado a faculdade que quisesse, seguido uma carreira, enfim... Nada do que fez, foi por falta de opção.
Minha primeira reação foi como mãe. Pensei nas milhares de adolescentes que estavam lendo aquele livro. Há semanas ele estava na lista dos mais vendidos. Pensei numa típica adolescente e seus dilemas: problemas com a mãe, querendo a todo custo sair de casa, sem referência, em busca de um caminho a seguir. Fiquei chocada com a naturalidade da sua trajetória. Não houve dilema. Em nenhum momento, encontrei ali uma crise de consciência. Era como

se ela contasse a trajetória de uma estilista de moda, uma atriz de teatro, uma artista plástica. Ela ia contando passo a passo sua ascensão profissional com seus momentos difíceis e suas glórias. Ela tinha um objetivo que foi alcançado. Atingiu sua independência financeira, descobriu um talento natural, alcançou reconhecimento internacional.

Eu pensava nas minhas filhas.

Passei a acompanhar mais de perto a repercussão do livro. Percebi que a situação era realmente grave. Encontrei adolescentes comentando que queriam ser a Bruna Surfistinha! Ela tinha se transformado num ídolo.

Entendo que para uma adolescente rebelde, a família pode ser sinônimo de repressão. Mas e depois? Adolescência é uma fase difícil para qualquer pessoa. Eu não fugi de casa. Tomei o caminho inverso, mas igualmente radical. Com 17 anos, enfrentei uma forte crise de síndrome do pânico. Achava que não conseguiria sobreviver no mundo. Tinha pavor de sair na rua. Queria viver na segurança do meu quarto, na minha casa, nunca mais sair de lá. Foi um sofrimento indescritível. Mas algo de bom aprendi, ainda muito jovem. Aprendi que sem uma estrutura familiar, não conseguiria superar aquela crise. E quando falo em estrutura familiar, não estou me referindo ao velho clichê. No meu caso, não havia nem pai nem mãe por perto. Estrutura familiar era minha vó Marina e minhas tias. Hoje tenho dois enteados; e minhas filhas têm um padrasto que chamam de "amigo da mamãe". E por mais malucas que sejam as combinações das famílias contemporâneas, elas ainda são de uma importância fundamental. Transformar-se em Bruna Surfistinha significa abandonar a família, desestruturar famílias de terceiros, e o que é mais triste: limar sua chance de construir sua própria família.

É triste saber que uma mulher que tem como único mérito seu desempenho sexual abrangente, passe a ser um modelo de comportamento para adolescentes. E quanto à simpatia, graça, carisma, criatividade, inteligência, dignidade, grandeza moral? Tudo isso não deveria vir antes?

Foi um baque descobrir quem era a mulher pela qual meu marido me trocou. Mais chocante ainda foi saber a maneira como viviam, seus programas e perversões. Nunca, em 23 anos de relacionamento, imaginei que João tivesse desejos tão obscuros. Pelo que Surfistinha escreveu, eles freqüentavam clubes de swing. Este era o programa deles de fim de semana. Era uma opção a ir ao cinema! Foi difícil acreditar. Então, certa noite, liguei para um primo e pedi para ele ir comigo. Eu não entraria. Só queria ir até lá, estacionar e esperar dentro do carro. Precisava ver com meus próprios olhos. Passei horas estacionada em frente ao clube, queria vê-los, mas também não queria. O que eu mais queria, pensando bem, era acordar e perceber que tudo aquilo era um pesadelo. Naquela noite eles não apareceram. Hoje, depois de tudo o que passei, acredito sim nas taras do Pedro. Não precisei esperar muito tempo para ver, em rede nacional, meu ex-marido confirmar todas aquelas depravações.

Tia Raquel

Pedro decidiu que levaria as meninas para passar o fim de semana com ele.
— Ela vai estar lá? — perguntei, apavorada.
— Claro — respondeu, num tom seco.
Foi um dilema como jamais encarei. Se eu proibisse, estaria impedindo minhas filhas de encontrarem o pai. Se deixasse, estaria entregando-as aos cuidados da Bruna Surfistinha! Pedro argumentava que eu não estava entendendo nada. Dizia que nesse caso elas estariam com Raquel, e não com Bruna. Pois eu não via diferença. Assim como ele era Pedro, e nada mais que Pedro, no momento em que ela saísse com minhas filhas na rua, todos a identificariam como Bruna Surfistinha.

Mal podia imaginar que, muitos meses antes, João tinha levado nossa caçula para conhecê-la! Aconteceu durante um fim de semana. Eu e Isabella tiramos um cochilo no meio da tarde. Quando acordei, os dois tinham saído. Ao voltar com Marrie, João disse que tinha ido com ela até o escritório. Achei estranho.

— Vocês estavam dormindo e ela acordada, então resolvi levá-la comigo.

Na verdade, ele tinha levado nossa filha para conhecer Bruna Surfistinha. Claro que escolheu levar a filha que ainda não falava. Quando soube, quis esganá-lo. Agora ele contava tudo isso como argumento a favor. A Marrie já a conhecia mesmo...

Passei o fim de semana apreensiva, imaginando o que eles estariam fazendo. Fechava os olhos e enxergava minhas filhas andando de mãos dadas com Bruna Surfistinha! Tinha calafrios. Quando voltaram, Isabella entrou correndo em casa, toda saltitante. Pedi um beijinho e tive de ouvir:

– A tia Raquel é muito mais legal do que você!

Contei até dez. Coisa de criança. Claro que era mais legal. No mínimo, devem ter comido doce o fim de semana inteiro, dormido fora de hora, feito bagunça, boicotado escovação de dentes e banhos. Devem ter saciado todos seus desejos de rebeldia. Isabella percebeu que eu não estava feliz com a situação. Nunca mais tocou no assunto. Mas Marrie insistia:

– Você não gosta da tia Raquel?

Se dissesse que não, Marrie ia correndo contar, não só para a "tia Raquel", como para o pai.

– Gosto. Claro que gosto.

Sinto até agora o nó na garganta ao ter falado estas palavras. Mas, considerando sua idade, dizer uma vez não foi suficiente. Poucos dias depois a pergunta voltou. Eu respondia que gostava, sim, da Tia Raquel. Marrie sossegava e eu me sentia péssima.

– Quando é que a gente vai pra casa da tia Raquel de novo?

Até o dia em que não agüentei mais e, prestes a cair no choro, respondi que não, que não gostava nem um pouco da tia Raquel.

– Se você não gosta, eu também não gosto.

Pronto... Era isso que eu temia.

– Mas por que você não gosta?

Pensei muito, antes de responder. Eram testes constantes, um atrás do outro. Testes de resistência.

– Ciúmes. Só isso.

Marrie entendia ciúmes e, graças a Deus, a conversa ficou por isso mesmo. Por mais que tentasse encontrar palavras compreensíveis para uma criança, não conseguia. O assunto era sórdido demais para aquela menininha. Como dizer que estava preocupada com aquele relacionamento que nascia entre elas? Como explicar que temia pela influência moral que Bruna Surfistinha teria sobre minhas filhas? Mesmo que eu conseguisse superar meu preconceito pelo fato de ela ser uma garota de programa, isto não minimizava todo o resto: que roubou dinheiro dos próprios pais, que na escola teve fama de putinha, que masturbou um menino no meio da aula, que tomava drogas, que tem tara por mulheres, que fugiu da casa dos pais e que disse tudo o que disse a meu respeito!

Sei que é questão de tempo para minhas filhas perceberem tudo isso. Descobrirão na internet, em revistas, ou até mesmo assistindo ao filme, no cinema. Sei que irão me questionar. Só então vou poder contar o meu lado. Mas será que vão querer saber o meu lado? Temo pela influência da tia Raquel. Tudo que posso prover para elas é resultado do meu trabalho: uma vida normal, sem muitas regalias, sem extravagâncias. Agora que conhecem o mundo da Bruna Surfistinha, estão experimentando os prazeres possíveis por um outro tipo de dinheiro. Temo que fiquem deslumbradas. E temo, acima de tudo, pelo discurso: "é uma profissão como outra qualquer". E se minhas filhas acreditarem nisso?

Adeus Privacidade

Minha irmã ligou dizendo que Bruna Surfistinha estaria no Jô Soares. Corri para ver. A esta altura, eu nem tentava me poupar. Mergulhava de cabeça. Era como um vício. Meu coração disparava, como se aquela mulher fosse uma granada. Era alguém puxar uma cordinha e ela detonaria com a minha vida. Pensando bem, uma completa inversão de juízo, uma vez que a vítima era eu. E no entanto, a cada frase pronunciada, eu arrepiava ou relaxava. Assistia e me contorcia pedindo a Deus que ela não falasse sobre ele, não entrasse nessa questão, não deixasse que sua história esbarrasse na minha. Acreditava que assistindo, pudesse garantir que ela se controlasse. Não conseguia dar as costas e ignorar, da mesma maneira que, frente a uma cobra peçonhenta, ficamos petrificados. Mas isto de nada adiantou. Ela começou a falar sobre o Pedro: compreensivo, mente aberta, carinhoso, romântico. Então veio o comentário maldoso:

– Ele era casado...

Ela tinha um jeito de dizer esta frase, que acabava em reticências. Estas reticências eu interpretava como: "Não sou apenas boa puta, mas uma ótima mulher. Pois veja só, Jô, se ele largou a família para ficar comigo, não era apenas sexo, concorda?"

Ela nunca disse nada disso, nem precisava. Eu entendia o recado. Bem, pelo menos ainda estávamos falando do Pedro, Pê, um homem sem rosto que podia muito bem ser delírio da cabeça dela.

Então ele apareceu! Ali, sentadinho na primeira fila, com sorriso de orelha a orelha, todo pimpão, em rede nacional, com transmissão para outros países, sorrindo e dando seu apoio, no papel de namoradinho exemplar. Meu Deus, era o meu João!

Imediatamente o telefone de casa começou a tocar. Eram amigos, parentes distantes, conhecidos e nem tão conhecidos assim, colegas do trabalho dele, mães de amiguinhas da Isabella, um mundaréu de vozes que se confundiam, mandando suas condolências. Eu aceitava, agradecia e desligava, mecanicamente. E o que mais me dava ódio era ter de agradecer. Agradecer! Não dormi naquela noite. Corri para o blog, onde ela anunciava que apareceria no Jô e dizia que aquela seria a grande chance de conhecerem o Pedro.

Pedro sabia desde o começo! Em nenhum momento ele parou para pensar o que aconteceria com o telefone aqui de casa. A granada tinha estourado. E enquanto eu atendia aos chamados, no apartamento dela os dois estouravam champanhe.

No dia seguinte as condolências continuavam. Amigos telefonaram de Miami, onde também assistiram. Fui interceptada por pessoas na padaria, amigas da minha mãe, amigas da mãe dele, empregadas domésticas que correram para o portão ao me verem passar, guardinhas. O assédio culminou com a caixa do Pão de Açúcar.

– Ontem eu vi seu marido na TV... Sinto muito, viu. Ele parecia ser um homem tão bom...

Este era o comentário mais recorrente: ele parecia ser tão bom... Amigos perguntavam o que tinha acontecido.

– Mas o que deu no João?

– Pedro – eu corrigia.

– Como?

– Agora ele se chama Pedro. Não é mais o João. É outro cara.

– Como ele pôde fazer uma coisa dessas com você!?

– Surtou! Pirou. Acontece.

Esta passou a ser minha resposta. Pedro era o surto encarnado do meu ex-marido. Foi uma maneira que encontrei para conseguir suportar.

Três dias depois, veio a segunda ferroada. Eram 8h da noite quando o telefone começou a tocar sem parar:

– Sintoniza a 89 FM que ela está no ar! – gritavam e desligavam.

Liguei o rádio e lá estava Bruna Surfistinha, falando sobre suas proezas sexuais.

O locutor perguntou o que uma mulher deve fazer para não perder o marido para uma garota de programa. Gelei, pensei em jogar o rádio na parede, mas me controlei e continuei ouvindo. Eu também queria saber. O que não fiz, se é que algum dia eu deixei de fazer alguma coisa para salvar meu casamento? A resposta? Nas palavras de Bruna Surfistinha:

"Fazer sexo anal, oral e deixar ele gozar na boca."

Nesse minuto eu devia ter mesmo jogado o rádio contra a parede. Mas não atirei, e por isso ouvi a pergunta seguinte, com o coração já saindo pela boca:

– O que foi que a ex do seu namorado fez, para perder o marido para você?

E aí veio o bordão, que entrou para seu livro e acabou virando o novo ditado popular:

"Ela não deu assistência e perdeu para a concorrência."

Como se não bastasse Pedro ter mostrado a cara para o Brasil inteiro, no programa do Jô, agora meu desempenho sexual era tema de programa de rádio! Durante não sei quanto tempo fiquei remoendo a filosofia da prestação de assistência. Eu me sentia como uma oficina mecânica.

O telefone continuava tocando. Ignorava.

Como é que eu podia atender o telefone? Cada toque

do aparelho era como um disparo. Me sentia bombardeada por todos os lados. Desliguei o rádio, televisão, computador. Ela poderia estar em qualquer um deles, a qualquer hora, tendo a minha vida particular como pauta.

Até este ponto da história, João e eu éramos pessoas comuns num difícil processo de separação. Sim, havia elementos estrambóticos, mas tudo ainda acontecia na esfera da vida privada. Até então, alguns amigos nem sabiam que estávamos separados. Mas depois da cara escancarada do Pedro, em rede nacional, seguida da afirmação de que eu não prestava assistência, resolvi que era hora de revidar.

No dia seguinte eu estava no estúdio da Playboy, posando para um ensaio fotográfico.

A Mídia como Campo de Batalha

Tinha recebido o convite da Playboy algumas semanas antes. O contato se deu por um desses desvios malucos do destino. Minha prima Carla, que vinha acompanhando de perto todo meu martírio, trabalhava na Editora Abril. E como eu – e creio que boa parte das mulheres do país – estava ultrajada com a crescente veneração de uma garota de programa. Pois um dia, Carla estava no fumódromo, conversando com sua chefe justamente sobre esta questão, quando o Diretor de Redação da Playboy entrou e ouviu a seguinte frase:

– ... a prostituta que roubou o marido da minha prima vai sair nesta edição da VIP.

Ele imediatamente se colocou a par do assunto e quis saber mais a meu respeito. Minha prima disse apenas isto:

– Ela não é a mulher traída que você imagina...

Depois completou:

– É muito mais bonita do que a Bruna Surfistinha.

Isto atiçou sua curiosidade. Ele quis saber minha idade, profissão, tipo físico, e sabe lá mais o quê.

– Ela está no Orkut. É só entrar e ver – respondeu Carla.

Então os dois foram até a mesa da Carla, ela mostrou minha página no Orkut e ele, no ato, pediu meu telefone. Disse que queria uma entrevista comigo o quanto antes.

Naquela noite, quando minha prima me telefonou contando essa história toda, achei engraçadíssimo, mas não achei que fosse real..

Quando o jornalista da Playboy me telefonou, no dia seguinte, fiquei na dúvida em aceitar. Ele entendeu minha preocupação. Antes que eu perguntasse, explicou:

– É com roupa.

Mesmo assim. Não sabia se devia. Pensava nas minhas

filhas, na exposição... Não teria ido, se não fossem as circunstâncias extremas. Se não fosse por, três dias antes, Pedro ter aparecido em rede nacional. Se ela saía por aí dizendo que tinha conquistado o Pedro porque eu não dava assistência, eu tinha o direito de contar a minha versão! A esta altura já estava claro que esta não seria uma separação discreta. A mídia era nosso campo de batalha.

Dei uma longa entrevista ao jornalista David Cohen. Isto já foi bastante constrangedor. Nunca tinha conversado com um estranho sobre coisas tão íntimas. No entanto, este era apenas o começo. Segui para o estúdio, onde a fotógrafa esperava por mim. Ela já tinha a foto planejada: eu, num vestido azul, pisando em cima de uma prancha quebrada. Nada sutil... Eu imaginava algo menos figurativo. Então a fotógrafa disse que a primeira opção que haviam imaginado era eu entre um monte de bonecos de vodu! Imediatamente topei a prancha rachada.

Resolvido isto, fui despachada para a equipe de maquiagem e cabelo. Fizeram um trabalho excelente. Depois de pronta, quando me vi no espelho, estava de ótimo humor, topando qualquer coisa. Meu velho truque mais uma vez mostrava-se infalível. Mexendo no exterior, remexia em alguma coisa lá dentro também. Enquanto o maquiador transformava meu rosto, percebi que aquela matéria teria uma importância muito maior do que eu havia imaginado inicialmente. Aquilo seria um ponto de virada. Eu não aceitava a imagem de mulher abandonada. Não era aquilo que queria para mim. Nem sairia por aí alfinetando bonecos de vodu. Sim, minha base tinha rachado. Estava sem chão. Nesse sentido a prancha quebrada era condizente. Mas não estava raivosa. Talvez precisasse dar umas marteladas, serrar aqui e ali, mas minha vida ainda tinha conserto.

parte 3

A cura

Supergata na Marginal Pinheiros

Poucos dias depois, um amigo ligou no meu celular, aos berros:
— O QUE FOI QUE VOCÊ APRONTOU?
— Como assim?
— Estou parado na marginal e tem um outdoor da *Playboy* falando sobre você!
— Falando o quê?
— "Conheça a supergata que foi trocada pela Bruna Surfistinha!" Só pode ser você!

Contei o que eu "tinha aprontado" e corri para a rua, para ver. E lá estava, chamada de capa, em outdoors. Abri a revista e quase caí dura. A foto era infinitamente maior do que eu tinha imaginado. Estava esperando uma matéria pequena, um quarto de página. Afinal, era uma fofoca, nada mais que isso. Certo? Errado. Era foto de página inteira. Não só a foto era muito maior do que eu podia supor, como a história toda. Depois daquele telefonema, veio uma avalanche: revistas, jornais, programas de televisão, jornalistas free-lancer, assessores de imprensa. Queriam falar comigo, queriam saber o que eu tinha a dizer. Queriam o meu lado da história. E no meio de tanto assédio, veio o telefonema do meu chefe. Ele não queria ouvir meu lado da história. Queria, sim, uma reunião urgente.

Por pouco não fui despedida. Ele abanava a revista e perguntava se eu tinha enlouquecido.

Eu ria baixinho. Vendo minha foto na Playboy, na mão do meu chefe, percebi que sim, talvez tivesse enlouquecido ligeiramente. Mas o que é que eu podia fazer? Agora não tinha mais volta. Aproveitei que ele já estava nervoso mesmo, para dizer que havia recebido convites de programas de televisão. Vários.

– Nem pensar!

Tentei argumentar. Ele foi enfático. Não quis nem ouvir falar disso. Mais uma aparição na mídia e eu podia dizer adeus ao meu emprego. Terminou a reunião dizendo:

– Daqui a pouco vai querer escrever um livro!

Engraçado... Esta foi a primeira vez que alguém sugeriu colocar minha história no papel. E aqui estou. Valeu, Adamian!

O telefone continuava tocando sem parar. Os campeões de insistência eram, de longe, a produção do Superpop.

Bruna Surfistinha já havia aparecido no programa duas vezes. A primeira, em 2004, para falar sobre sua "profissão" e o blog. Depois, para falar sobre o livro recém-lançado. A idéia agora era fazer uma pauta comparando nossas histórias. Uma espécie de duelo: Esposa x Amante. O tipo de barraco televisivo que faria o programa atingir picos de audiência, levaria à uma exaltação de ânimos, podendo acabar em pancadaria ou, no meu caso: demissão por justa causa. Ou seja, roubada total.

Para dizer a verdade, no fundo eu gostaria de aparecer. A idéia de um combate me apetecia. Estava mais do que pronta para encará-la, ao vivo, tendo como mediadora a Luciana Gimenez e aquela voz masculina atiçando o auditório. Esta seria minha grande chance de dizer tudo o que estava engasgado. Depois de muito conversar com a repórter do Superpop, aceitei; com a condição de que a entrevista fosse por telefone.

Voltei para casa e liguei televisão e computador. Estava histérica. Agora era só aguardar o telefonema. Era como uma adrenalina corrosiva. Ouvia na televisão as chamadas para o programa. O tom de voz da Luciana e do homem invisível davam a entender que a situação era muito mais grave do que eu imaginava. Falavam como se aquilo fosse uma questão de corrupção da moral e bons costumes, como se eu estivesse no meio de uma crise nacional de valores familiares. Hoje eu sei: estava.

Enquanto assistia, conectei no Orkut e no MSN. Várias pessoas mandavam mensagens.

"VOCÊ VAI FALAR AO VIVO!!!"

"VOCÊ ESTÁ NA TELEVISÃO!"

Vi meu rosto gigante na televisão. Na chamada, usavam a foto da Playboy. E daí um corte para a última entrevista dela no Superpop. Bruna Surfistinha dizendo:

– A ex-mulher dele aceitou numa boa.

Corte:

"Não perca, hoje, no Superpop, o relato da mulher que perdeu o marido para Bruna Surfistinha!" O programa estava para começar e eu ali, em casa, petrificada. Desliguei o telefone. Quando eles ligaram, nem ouvi o chamado. Não participei e tiveram de fazer o programa sem mim. A produção teve de recorrer ao material da Playboy. Esta era a única fonte de informação. E, para a coisa não ficar tão fria, usaram flashes da entrevista com Bruna Surfistinha.

Em casa eu assistia ao meu próprio programa e ao Gilberto Barros. Lá estava Bruna Surfistinha, na máquina da verdade. Fiquei como doida, zapeando de um programa para outro, mal conseguindo acreditar onde minha vida tinha ido parar.

Durante os dois dias seguintes fiquei fora do ar. Desliguei televisão, computador, celular. Recebi mais de 100 ligações. A produção do Superpop estava inconformada. Paralisada em casa, dei o maior cano num programa ao vivo.

Deram um tempo, pararam de telefonar. Devem ter percebido que aquela entrevista não seria nada fácil para mim. E era justamente disso que eu estava precisando, um tempinho. Depois de uma semana eles ligaram novamente. Pedi desculpas e expliquei a situação. Eles me perdoaram, e logo recomeçaram a insistir. Eu explicava que perderia meu emprego, pedi para serem compreensivos...

Enquanto me justificava, entre envergonhada e irritada, no estúdio da Rede TV o diretor do programa, Marcelo Nascimento, emitiu uma ordem dizendo que era para me convencerem a ir. Estipulou prazo para tal.

– Quero essa mulher aqui, viva ou morta! Ou vocês trazem ela até aqui ou cabeças vão rolar!

A equipe estremeceu. Marcelo Nascimento fazia a contagem regressiva. Cinqüenta minutos... quarenta minutos... Quando esgotou o tempo, lá estava ele no outro lado da linha. Usou argumentos irrefutáveis e falava com um entusiasmo que fez com que eu me sentisse o Presidente do Banco Central, ou algo assim. No entanto, não foram seus argumentos, nem a esperteza de anos de televisão, que me sensibilizaram. Percebi algo familiar na sua voz. Ela me lembrava alguma coisa da minha adolescência, algo de lá atrás...

Ele disse que como este seria o último programa ao vivo do ano, aquela era minha única chance de falar sem que Bruna Surfistinha tivesse direito de resposta, o que foi bastante tentador. Eu estava a ponto de aceitar, quando o tom da conversa mudou. Marcelo Nascimento perdeu o jeito de diretor do programa e foi ficando mais carinhoso, simpático, gentil... Disse que tínhamos muito em comum, e fora me levar para o Superpop, ele gostaria de me conhecer pessoalmente. Disse que também tinha dois filhos e era separado.

— Quando vi sua foto na Playboy, pirei. Bati a revista na mesa e disse: "quero conhecer esta mulher!"

Num tom de brincadeira, ele começou a propor casamento! Embasbacada, eu ouvia a tudo aquilo. Perguntou se eu estava namorando. Eu reiterei que tinha duas filhas pequenas, e que ele devia estar completamente louco. Ele respondeu que estava a par da existência das meninas, e que já tinha se informado a meu respeito, que tudo o que falava era fundamentado. Insistiu para que eu pensasse no caso, pois tinha tudo para dar certo. Falou que nas férias colocaríamos nossos filhos no Fiat Doblò dele e viajaríamos por aí. Perguntou se eu gostava do Beto Carreiro.

Marcelo foi tão longe que, lá pelas tantas, esqueci do Superpop. A proposta agora era outra. Era uma proposta para minha vida futura. Por pouco, não era uma proposta de casamento, vinda de um homem que nunca vi na vida. Interrompi:

— Marcelo, desculpa, mas eu não te conheço. Você é apenas uma voz na televisão.

— Por isso não. Amanhã você vai me conhecer. O carro da produção estará na porta da sua casa às 13 horas.

No dia seguinte, lá estava o carro da produção, na porta de casa. Telefonei para duas amigas, Vanessa e Milka, que toparam ir comigo. Estava determinada a participar do programa, mas mais do que isso: queria conhecer o homem atrás da voz.

Vida ao Vivo

A única pessoa com quem conversei a respeito da decisão de ir ao programa, foi com minha mãe. Pensei que ela fosse cair dura, mas muito pelo contrário. Não fez crítica alguma, apenas disse para eu ser cuidadosa com o que iria dizer. O assunto "Bruna Surfistinha" era tão surreal, e Pedro já tinha exposto nossa família de tal maneira, que uma aparição no Superpop chegava a ser uma conseqüência natural. Minha mãe entendia os motivos que me levavam a fazer aquilo. Aliás, depois do programa, percebi que minha motivação era justa.

Cheguei ao estúdio com os nervos à flor da pele. Era uma confusão de gente apressada correndo de um lado para o outro entre corredores labirínticos. E no meio de um desses estranhos caminhos, encontrei Marcelo Nascimento, acompanhado de mais duas produtoras. Estendi a mão e o tempo parou. Achei ele interessantíssimo. Será que depois de me conhecer, assim, ao vivo e nervosa, ele ainda falaria aquelas coisas todas? Ou vai ver era um truque que ele usava com todas as convidadas... Enquanto apertava sua mão, milhões de pensamentos passaram pela minha cabeça. O mais estridente foi este: sou mesmo uma tonta, ele deve falar aquilo para todas. Afinal, Samantha, abra os olhos. Você está para participar de um telebarraco e falar sobre a relação do seu ex-marido com uma prostituta. É claro que ele usaria qualquer argumento para te arrastar até aqui! Estava me sentindo como uma louca. E durante todo esse tempo, minha mão na dele, abandonada...

– Muito prazer – ele disse.

Só então lembrei de apresentar minha amiga Vanessa, parada ali, ao meu lado. No dia anterior, quando Marcelo dizia aquelas barbaridades para mim ao telefone, disse que tinha uma amiga solteira que poderia lhe apresentar.

— Esta é sua amiga? — perguntou.

Fiz as apresentações. Marcelo a cumprimentou e continuou a me encarar de um jeito que me fez estremecer. Aquele par de olhos verdes me conquistou no ato.

Seguimos para a sala de reunião. Lá, recebi a notícia de que Bruna Surfistinha estava ao vivo, por telefone, no programa "A Casa é Sua", com Marisa Carnicelli. Havia sete pessoas na sala, entre produtores, assistentes e Marcelo Nascimento. Não sei o que deu em mim que, ao ouvir aquilo, levantei-me da cadeira, saí da sala e disse que queria entrar imediatamente no programa da Marisa Carnicelli, que queria eu mesma fazer perguntas para a Bruna Surfistinha!

Marcelo mandou me chamarem. Eu estava grudada numa televisão, no meio do corredor. Voltei para a sala de reunião. Estava fora de mim. Enquanto isso, ele tinha ligado a televisão no "A Casa é Sua". Fiquei ali assistindo até me acalmar. A reunião começou e discutimos as possibilidades de pauta. Eu ainda temia pelo meu emprego. Mesmo que minutos antes eu quisesse invadir o programa da Marisa Carnicelli, expliquei, pela milésima vez, que não poderia aparecer. Ficou decidido que a entrevista seria mesmo por telefone.

Marcelo mandou chamarem a Marisa. Ela entrou na sala e me olhou longamente. Já sabia quem eu era. Aliás, todo mundo naquela emissora batia os olhos em mim e já sabia a história toda. Era uma sensação bem esquisita. Marisa me deu um abraço apertado, depois deu um passo para trás e voltou a me olhar. Era um olhar televisivo, não os olhares que nós — deste lado da telinha — conhecemos. Então, depois de um tempo, disse:

– Queria muito que você tivesse participado do meu programa, hoje. Que pena eu não saber que você estava aqui!
No ato, Marcelo Nascimento a convidou para participar do Superpop naquela noite. Ele agia como um general. Apoderou-se de um marcador, virou uma página do flipchart e começou a comandar. Apontou para mim e para a Marisa com a caneta. Estava eufórico:
– Você, Marisa e Luciana. Só as três.
Começou a rabiscar o esquema do programa. Falava num linguajar técnico. A produção tomava nota. Ao final dos rabiscos, virou-se para mim e perguntou:
– Entendeu?
Não tinha entendido patavina.
– Não.
Quem parecia não ter entendido nada era ele. Havíamos acabado de decidir que eu só falaria por telefone! Marcelo começou a tratar de outras questões relativas ao programa, e eu fui despachada para o camarim da Marisa. Estava completamente atordoada. Pouco tempo depois, Marcelo Nascimento entrou no camarim e perguntou se eu já tinha me decidido quanto a aparecer ao vivo ou não. Respondi que não sabia. Então ele me deu as costas e começou a trabalhar nos "offs" que iria gravar naquela noite. Eu começava a entender alguma coisa da linguagem televisiva. Enquanto ele trabalhava, jogava uns argumentos:
– É o último programa ao vivo do ano...
– Pensa bem...
Disse também que já estava com outra pauta pronta. Caso eu desistisse (como tinha feito anteriormente), eles já estavam precavidos. Chamou uma produtora e disse para ela arrumar uma roupa para mim, caso eu me decidisse... Deixei o estúdio com a produtora e rodamos por várias lojas

de Alphaville. Eu estava tão magra que era impossível conseguir uma calça. O que mais me impressionou foi a dedicação da equipe. Eles estavam se desdobrando para me agradar, para garantir que eu estivesse confortável, para que eu topasse participar do programa. Eram insistentes, mas ao mesmo tempo muito amáveis e compreensivos. Com toda essa atenção, eu fui me sentindo cada vez mais à vontade.

Voltei à RedeTV e Marcelo Nascimento disse que teríamos de definir a pauta. Mostrei os emails trocados com Bruna Surfistinha. Disse que, da minha parte, queria desmentir a história que ela andava espalhando: de que meu casamento já estava acabando quando ela conheceu Pedro. As coisas aconteciam numa velocidade estonteante. Fizeram uma make, cabelo e eu me troquei. Marisa Carnicelli já estava no palco. Eu mantinha um olho na TV, outro no espelho. Ouvi a chamada:

"E ela estará aqui, hoje!"

Na hora lembrei o que Marcelo havia falado, que se eu quisesse desistir, tinham outra pauta escalada, que eu podia desistir a qualquer momento. No entanto, tinha chegado a hora. Uma produtora veio me chamar. Segui pelos corredores atrás do palco. Passei por um garçom de branco, que levava algumas taças de champagne. Virei uma inteira!

Em seguida trombei com a Luciana Gimenez, que me olhou, lá de cima. Como ela é alta! Abriu um sorriso enorme.

– Mas você é muito linda! E a gente que pensava que você fosse gorda e feia!

Agradeci. Ela entrou pelo túnel e meu coração disparou. Passei a olhar apenas para o monitor da TV. Era ao vivo, mesmo. A Luciana que, segundos antes estava na minha frente, agora estava ali, na televisão, anunciando meu nome!

Pensei em virar as costas e sair correndo, coisa que João

devia ter feito depois de ter tocado a campainha do flat da Bruna Surfistinha. Sempre dá para voltar atrás. Sempre. Não importa quão longe a gente vá, a vida sempre nos dá esta oportunidade. Lembrei-me então de uma vez em que conversamos sobre isso e ele disse que, na primeira vez que foi até lá, depois de tocar a campainha teve vontade de sair correndo. Eu perguntei:
– Por que não correu?
Ele não respondeu. Ele também poderia ter saído correndo da platéia do Jô Soares. Não correu. Foi e ficou até o fim. Pensando bem, a única coisa da qual Pedro correu, nos últimos tempos, foi do nosso casamento. Eu atravessaria aquele túnel, sim senhor!
Estava de microfone na mão. Tinha chegado a minha vez.
"Ouço Samantha Moraes!"
Entrei e, ao pisar no palco, senti meu coração disparar. O que é que eu estava fazendo ali? Luciana, lindíssima, sorria toda poderosa na sua poltrona. Eu tinha assistido ao Superpop milhares de vezes. Nunca, nem nos meus piores pesadelos, imaginei que fosse parar ali. Marisa Carnicelli, muito discretamente, captou minha atenção e gesticulou com os lábios: "força"! Naquela tarde, no camarim, ela me aconselhou durante um tempão, disse coisas ótimas. Lembrei de tudo o que conversamos e me senti melhor. A partir desse instante encarei a situação como se não fosse comigo.
Marcelo Nascimento, agora só voz, pediu para eu olhar para trás. Num plasma posicionado bem atrás de mim, vi a entrevista com Bruna Surfistinha. Até então eu sorria um sorriso nervoso. Desmoronei. Adeus sorrisinho nervoso. Vendo aquela adolescente falando com ar sonhador, mil coisas se passaram pela minha cabeça. De que adiantou ela ter estudado nos melhores colégios, ter pais casados, um lar

tradicional? Ela não aprendeu o mais importante. Defendia as prostitutas ao mesmo tempo que falava da felicidade de ter encontrado o homem da sua vida, dizia que agora pararia de fazer programas para viver um grande amor. Era uma incongruência sem fim.

Depois falava que era o fim da picada um homem procurar um travesti. Cinco segundos depois dizia não ter preconceitos. Uma hipocrisia só!

O programa aconteceu num piscar de olhos. Contei a minha história, esta mesma que você agora lê. Foi uma turbulência emocional tão grande, que depois que acabou, ele se apagou da minha memória. Eu só lembro de ter me virado para trás, visto Bruna Surfistinha falando e logo depois eu mesma comecei a falar. Corta. A próxima lembrança é de estar de volta ao camarim.

Luciana Gimenez veio me cumprimentar. Estava abismada com meu depoimento. Conversamos sobre a entrevista e o assunto foi mudando. Luciana começou a falar sobre seu diretor de programação.

– Sabe, o Marcelo Nascimento é um cara superfamília. Ele merece uma namorada bacana.

E como num filme, com tudo encenadinho, Marcelo Nascimento propôs que saíssemos para tomar um vinho e comemorar. Iríamos todos: Marisa e minhas amigas Vanessa e Milka. O complô estava armado. Na hora de pegarmos os carros para ir até o restaurante, a divisão foi feita de tal modo que fui sozinha com Marcelo, no carro dele. Eu não sabia o que fazer, o que dizer, como me comportar. Ele era a gentileza em pessoa, mas quando olhava para ele, tudo o que eu via era um galã televisivo. Não sei... Era estranho... Estava no meio de um povo de televisão que não tinha nada a ver comigo. A maneira como falavam, pensavam e agiam era meio acelerada e louca. Fiquei um pouco assustada. Durante todo o trajeto, Marcelo não parou de falar. Ele conhece muito bem o efeito daquela voz sedutora. Deve ser por isso que fala tanto. Fui reparando e percebi que havia ali muito mais do que uma voz irresistível. Havia também o par de olhos verdes mais sexy do mundo. Nessas horas eu abria o vidro, olhava para as lojas na rua.

Finalmente chegamos ao Café Journal, que já tinha fechado para o público. Esperavam apenas por nós. Fiquei bastante impressionada, e mais uma vez me lembrei: coisa de povo de televisão. Vivem mesmo em outro mundo!

As cantadas continuaram durante a noite toda. E eu sem saber o que fazer. Não conseguia retribuir, mas também não cortava. Devia estar me comportando como uma sonsa. Ai... Tomamos um vinho e comemoramos o sucesso do programa.

Ele me levou para casa. Já fora do carro, agradeci por tudo e me desculpei por algum inconveniente.

– Eu não vou pedir desculpas por nada – foi sua resposta.

E acrescentou:

– Eu estava te cantando mesmo, pra valer.

E se foi.

A Vida Após o Superpop

No dia seguinte, voltei à vida normal, ou assim imaginei. No trabalho, durante todo o caminho do estacionamento à recepção, notei os olhares. Antes, tinha parado no boteco da esquina, para tomar um café. O garoto atrás do balcão tirou uma foto minha, sem pedir! Havia escondido a máquina entre os dois porta-guardanapos. Fiquei chocada. Se no boteco a coisa estava assim, como não estaria no escritório? Respirei fundo e encarei. Mal pisei na empresa e ouvi:

– Bom dia, famosa!

O diretor de marketing esperava por mim. Deu-me os parabéns. Disse que tinha assistido ao programa e que eu tinha me saído muito bem. Falou que era para eu subir, pois a secretária do meu chefe estava louca para me conhecer. Parecia tudo uma grande piada. Em que ponto, desta loucura toda, alguém ia me demitir?

Fui dançando conforme a música. Conheci a secretária, que disse que eu estava ótima no Superpop e me deu os parabéns pela coragem. Disse que minha participação no programa foi um exemplo de grandeza moral. Será que estavam todos tirando um barato com a minha cara? Entrei na sala do meu chefe. Se fosse uma pegadinha, como parecia ser, que acabasse logo. Assim que entrei, comecei a me explicar.

Disse que não havia mencionado o nome da companhia e expliquei, brevemente, o motivo que me levou a aceitar o convite. Falei que eu precisava fazer aquilo, que era a única chance de contar o meu lado da história e resolver uma situação pessoal que tinha se transformado em assunto nacional. Pronto. Não falei mais nada. Era tudo muito constrangedor.

Por alguns instantes achei que fosse perder o emprego.

Chegamos a um acordo. Estava, daquele dia em diante, proibida de dar qualquer outra entrevista, para qualquer tipo de mídia. Concordei.

Por causa desse acordo, recusei convites para Leão Lobo, Ratinho, A Casa é Sua, Gilberto Barros, *Revista Ele & Ela*, *Tribuna do Espírito Santo*, *Jornal Meia Hora*, do Rio de Janeiro e *Zero Hora* de Porto Alegre.

O dia acabou com um telefonema fundamental. Era Manoel, editor da Seoman, perguntando se eu tinha interesse em escrever um livro.

Inicialmente fiquei em dúvida. Não estava preparada para falar, a fundo, sobre mim. Uma coisa era uma entrevista de televisão, que tem um efeito imediato e pronto. Um livro implicaria em levar a causa adiante. Mas... qual era a minha causa? Descobri rapidamente. Naquele dia, ao abrir meu Orkut, encontrei mais de mil scraps e 750 pedidos de pessoas querendo que eu as adicionasse à minha lista de amigos. Destas mil mensagens, apenas 3 eram de crítica. Todo o resto eram mensagens de apoio. Até hoje recebo emails parabenizando-me pela coragem de expor minha história e me motivando a continuar.

Criaram comunidades para me apoiar: "Sou Mais a Samantha", "Samantha é Mais Bonita", "Bruna Surfistinha x Samantha", "Diva Samantha Moraes", "Sou uma Samantha Moraes" e "Adoramos e Apoiamos Samantha Morares".

Eu tinha uma torcida! Era como se fôssemos times rivais. Nos fóruns das comunidades, argumentavam que eu era muito mais bonita, digna, inteligente e elegante do que ela. Lembro de um comentário que achei engraçadíssimo.

"É como o Billy Bob que traiu a Angelina Jolie com a empregada... No fim das contas, a Angelina ficou com o Brad Pitt!"

Inúmeras vezes fui reconhecida durante os vôos. Alguns passageiros chegaram a pedir autógrafos. Justificavam o interesse dizendo que eu tinha feito bem em falar. Percebi entre as mulheres uma certa cumplicidade. Era reconhecida em aeroportos, hotéis, pedágios, supermercado, shopping. Onde eu ia, sempre tinha alguém que me reconhecia. Vinham falar comigo e o que diziam eram variantes de:

"Alguém tinha que ter falado aquelas coisas que você falou. Parabéns."

Essa frase ficava martelando minha cabeça. Enquanto isso, Bruna Surfistinha continuava na mídia, cada vez mais presente, cada vez mais expansiva. Ela ganhava força, o livro disparando nas vendas e seu doce veneno se espalhando pelo Brasil. Quantas vezes não encontrei passageiros lendo seu livro: senhores, mulheres de aliança no dedo, adolescentes, senhoras de cabelo branco. Aquilo me assustava.

Aquilo que Fere, Cura

Enquanto isso, Marcelo telefonava. Passou a me cortejar, agora sem nenhuma segunda intenção. Eu não era mais uma convidada para o programa. Agora ele me convidava para jantar.

Encontrei-me com ele no América e conversamos bastante. Desta vez, a sós. Disse que desde que me viu na *Playboy*, ficou fascinado por mim..

Naquela noite rimos muito. Até hoje rimos disso tudo. Tudo o que ele falou na nossa primeira conversa por telefone aconteceu de verdade. Fizemos a viagem com as crianças no Fiat Doblò dele.

No fim, não eram cantadas de povo de televisão, e nem um truque batido para convencer uma entrevistada a ir ao programa. Descobri também o motivo da sensação de familiaridade ao ouvir sua voz ao telefone. Ele tinha sido locutor da Transamérica, a rádio que me acompanhou durante toda a adolescência. Lembrei-me do seu programa, e de mim mesma, muito novinha e sonhadora, fantasiando com o homem atrás daquela voz.

Hoje moramos praticamente juntos. Só não digo que estamos casados, porque até agora Pedro não providenciou os papéis do divórcio. Jamais acreditei que, com duas filhas e recém-separada, encontraria um novo amor. E muito menos no programa da Luciana Gimenez!

Marcelo conheceu minhas meninas na noite de Natal de 2005. A festa seria na casa de uma amiga minha. Preparei as lembrancinhas, cozinhei alguns pratos, arrumei as meninas e lá fomos nós. Marcelo passou em casa para nos pegar às 20h. Tínhamos andado poucos quarteirões, quando Isabella perguntou:

– Ele é seu primeiro amigo?

Respondi que não, que meu primeiro amigo era o pai dela.

– Mas ele é o seu primeiro amigo depois do papai? – insistiu.

Eu ainda não tinha entendido a pergunta.

– Não, querida. Depois do papai fiz vários outros amigos.

Demorou um tempo para eu entender que por "amigo", Isabella queria dizer "namorado". Felizmente, Marcelo entendeu e explicou a ela, com muito tato, que estávamos, sim, namorando. Foi um Natal inesquecível.

Dois dias depois conheci os filhos dele! Eram enormes. A menina, quase da minha altura, e o menino: mais alto do que eu. Fiquei tão nervosa que comecei a falar sem parar. Falei sobre sobrevivência na selva, escotismo, tudo que vinha à minha cabeça. Para minha grande alegria, eles me adoraram. Combinamos que eles conheceriam minhas filhas no dia 1 de janeiro de 2006. Foi uma festa. As crianças aprovaram o novo formato da família. Agora eles estavam em maioria, e ganharam irmãos, padrasto e madrasta. Toparam a brincadeira, que começava a ficar bem séria.

Marcelo se preocupa comigo como ninguém jamais se preocupou. É carinhoso e amoroso. Estamos juntos há seis meses e parece que o conheço há anos.

Nesta mesma época, aconteceu um episódio engraçado e significativo. Eu estava na Marginal Pinheiros, dirigindo meu carro, que agora já é meu mesmo – consegui recuperá-lo-, quando o guarda me parou. Pediu os documentos. Eu respondi que não poderia mostrá-los, pois se mostrasse, ele teria de me multar, e apreender o veículo.

– Sinto muito, seu guarda. Não posso mostrá-los.

Pedro tinha devolvido o carro com IPVA e licenciamento vencidos. Sem falar no tanque vazio. No alvoroço que andava minha vida, esta parte da documentação foi ficando de lado...
— Se a senhora sabe que os documentos estão vencidos, por que não tomou providência?
— O senhor quer saber, mesmo?
— Sim senhora.
Eu tinha a resposta na ponta da língua. Se ele queria mesmo saber, eu diria a verdade.
— O senhor já ouviu falar na Bruna Surfistinha?
O guarda estranhou a pergunta. Mas respondeu:
— Sei... a garota de programa.
— Essa mesmo. O senhor sabe que agora ela está casada?
— Tô sabendo.
— Pois é. É o meu marido. Ela está com o meu marido.
O guarda engasgou. Começou a dizer alguma coisa, mas eu interrompi:
— O carro estava com ele. Ficou meses com o carro e devolveu assim, com tudo atrasado. Agora o senhor me responda, quem é que tinha de pagar a documentação? Ele ou eu?
Nesse instante o celular começou a tocar. Pedi licença:
— Um minuto, por favor.
Era o Marcelo. Respondi que não podia falar, que estava parada no meio da marginal, falando com um guarda. Marcelo pediu para falar com o guarda. Expliquei quem era:
— É o diretor do Superpop. Sabe aquele da Luciana Gimenez? Ele quer falar com o senhor.
Nesse ponto o guarda já tinha perdido a fala. Ouviu o discurso do Marcelo, que se bem conheço, deve ter incor-

porado sua personalidade de radialista do mundo cão. O guarda respondia em monossílabos:
— Tá...
— Sei...
— É...
Por fim, disse:
— Vou liberar a moça. Mas nesse caso o senhor, como marido atual, trate de colocar essa documentação em dia.

Foi a primeira vez que ouvi alguém se referir ao Marcelo como meu marido. Agradeci ao guarda com os olhos cheios d'água. Segui pelo congestionamento de final de tarde, ouvindo as buzinas nervosas e o desespero de uma cidade inteira tentando chegar em casa. No meio daquele caos, eu era a mais feliz das mulheres.

Há um ano que estou separada, e só agora consegui dar início ao processo de divórcio. Partiu de uma iniciativa minha. Pedro parece ter se esquecido de assuntos mundanos. Nesse um ano não recebi pensão e tive de me desdobrar para pagar as contas. Se não fosse pela ajuda da minha mãe, ficando com as meninas enquanto eu trabalhava, não sei como teria me virado. Enfrentei a rotina de comissária de bordo até onde deu. Cheguei num ponto em que tive de fazer uma escolha. Eu mal encontrava minhas filhas. Passava dias longe, em vôos noturnos, dormindo em hotéis. Voltava para casa e dormia durante o dia. Não bastasse terem perdido o pai, eu não podia continuar a me omitir assim. Abandonei meu trabalho. Hoje, quando vejo um avião, ainda sinto um aperto no coração, mas não me arrependo. Minhas filhas são muito mais importantes para mim. Fica o exemplo do sacrifício. Fiz uma escolha e acredito que foi a mais correta.

Hoje, acredite se quiser, trabalho com televisão. Sou produtora de um talk show inspirado no DJ novaiorquino

Howard Stern, onde rolam as pautas mais loucas que se pode imaginar. É um mundo totalmente novo. Faço de tudo: corro atrás de cabos, acompanho o chat, cuido de patrocínio. Estou adorando trabalhar com isso. E que ironia... O programa se chama "Os Intocáveis". Não sou mais a comissária de bordo intocável. E graças a esta mudança, pude contar a minha história.

Aprendizados

Tenho a sensação de ter vivido uma vida inteira no último ano. Foram inúmeros aprendizados e desafios que tive de superar. Enfrentei prova atrás de prova. Algumas de resistência, outras de paciência. Poderia ter fracassado. Na época em que fiquei internada, acreditei que fosse o fim. Achei que jamais conseguiria me reerguer.

Aprendi que só conseguimos ser feliz se nos permitirmos. Durante muito tempo eu bloqueei minha felicidade. Achava que não tinha direito. Achava que ela não era possível. Hoje sei que assim como a vida me deu todas estas provações, ela me deu oportunidades. Cabia a mim ter força para agarrá-las. É preciso querer ser feliz. E, principalmente: é preciso se esforçar para que isto aconteça.

Foi um ano de transformações. Comecei 2005 com marido e duas filhas. Então o perdi. Depois, incapacitada de cuidar das meninas, entreguei-as à minha mãe. De quatro, passei a ser uma, completamente só. Com o tempo resgatei as meninas. Viramos três. Então ganhei um namorado. Passamos a ser quatro. Em seguida vieram os filhos dele. Agora somos seis. Nessa nova família eu me sinto mais realizada, mais segura e mais alegre. Passaria por tudo isso novamente, só para viver este amor com o Marcelo.

Sou capricorniana e, para mim, não existe nada mais importante que a família. Neste ano percebi que sou capaz de qualquer coisa para proteger minhas filhas. Elas passaram por momentos dificílimos. Aos poucos estamos conseguindo nos restabelecer. Ainda não recuperei tudo o que perdi. Não temos uma casa própria e elas passam muito tempo com minha mãe. Estamos fazendo progresso e espero, em breve, poder ter minhas filhas o tempo todo ao meu lado.

Aprendi a dar ouvido à minha intuição. Foi assim que descobri onde Pedro estava morando. Foi por intuição que resolvi ir ao Superpop, conhecer o homem atrás da voz. Hoje estou mais sensível a estes sinais, presto atenção. Lá no começo, antes de entrarmos em crise, tinha pressentimentos fortíssimos de que algo ruim estava prestes a acontecer. Mas naquela época, ignorei. Podia ter evitado um bocado de sofrimento. Intuição é uma arma poderosa que toda mulher possui. Ouça a sua!

É também da natureza capricorniana ir atrás do que deseja. Sou determinada e orgulhosa. O orgulho, neste caso, foi minha salvação. Não admito ser humilhada, e por isso revidei. Se escrevi este livro, e não foi fácil, é porque fiz questão de compartilhar minha história e dizer o que precisava ser dito. É também uma mensagem para todas as mulheres que passaram pela mesma situação que eu. Espero que com este relato tenha conseguido ajudar.

Durante meu processo de cura recebi ajuda de pessoas maravilhosas. Agradeço:

Fernanda França, que me ouviu chorar por noites e noites; Francisco Melo, por todas as vezes que passou em casa para ver como eu estava e não me abandonou um dia sequer; Fernanda Deniz, por me ouvir lamentar; Mileni Zamboni, por me dar a maior força, assim como Marcelo, pelos conselhos; Adamian Costa, meu chefe, por ter tido paciência comigo e me consolar e apoiar em todas as decisões – sei que você ficou chateado quando fui embora, mas me apoiou mesmo assim; minha mãe Salete, minha madrasta Shirley, minhas irmãs Deborah e Marlene e meus irmãos Adan e Ramon, minha prima Carla e sua filha Fernanda, que ficaram ao meu lado; ao Adrian Benedykt pela linda foto que ilustra a capa e Luciana Gimenez pela gentileza de me receber em seu programa. Ao Marcelo Nascimento um agradecimento especial pelo carinho, amor e atenção e por suportar minhas noites em claro, vendo minha tristeza em remoer o passado ao escrever o livro e mesmo assim, me apoiando e aconselhando.

Agradeço a todas as pessoas que estiveram presentes mas que não foram citadas.

Saio dessa história com a convicção de que aquilo que fere, também cura. Eu sou a prova viva disto.

Psicologia da Traição

Quando estive internada, passei por uma série de entrevistas com psicólogos. Logo depois, comecei a fazer terapia. Durante meses recebi orientação de todo tipo de especialista, das mais diferentes linhas e filosofias. Após inúmeras sessões, descobri que há um consenso quanto a traição.

O homem que ama sua esposa, mas busca sexo sem compromisso fora de casa, ficará, incondicionalmente, com peso na consciência. Pois, além de ter traído a mulher, ele traiu o compromisso que tem com a companheira. Ele trai o princípio do relacionamento. Este conflito pode fazer com que ele se separe da esposa por não admitir a quebra do compromisso. A paixão pela outra é uma maneira de encontrar refúgio e compensação. O sofrimento é tão insuportável que ele mesmo encerra aquele relacionamento, pois sabe que, uma vez que traiu o compromisso, a outra parte está apta a fazê-lo também.

Como parte deste processo, acontece uma transferência de sentimentos. O amor que sentia pela esposa é projetado na amante. Esta é uma maneira de compensar aquilo que ele está sacrificando. O homem vai se esforçar para criar sentimentos profundos em relação à sua amante, mesmo que eles não existam. Inconscientemente, ele quer preservar aquilo que ele mesmo destruiu.

Buscando esta cumplicidade com a amante, o homem passa a falar sobre a esposa. A amante assume a função de confidente. Não é à toa que Bruna Surfistinha deseja cursar faculdade de psicologia. No entanto, assim como o homem infiel busca cultivar sentimentos amorosos em relação à amante, ele sente necessidade de diminuir a esposa. É por isso que ele pintará uma imagem grotesca dela, chegando até a mentir. Ao desqualificar a esposa, ele está justificando sua traição. No meu caso, inventou uma Samantha madame, que não trabalhava e só queria gastar dinheiro – uma mentira sem o menor fundamento, mas que serviu para alívio de consciência de ambos. Pedro sabe que um dos maiores orgulhos de Bruna Surfistinha é sua independência financeira. Transformou o maior mérito da amante na minha pseudo-fraqueza.

Em outubro de 2005, quando eu começava a tomar as rédeas da minha vida, tive uma longa conversa com Pedro. Bruna Surfistinha estava prestes a parar de fazer programas. Rolava uma espécie de contagem regressiva na sua vida. A partir de então ela seria uma namorada como outra qualquer. Segundo conta no seu blog, Pedro esperava ansiosamente por esse dia. Quanto a mim, cuidava das minhas próprias questões, que não eram poucas. Foi nesta época que Pedro me procurou e disse que sentia saudades do tempo em que éramos casados. Disse que se fosse possível voltar no tempo, casaria comigo novamente. Não só isso: disse que se pudesse voltar atrás, não teria procurado por ela e jamais teria me traído. Ao ouvir tudo isso, fiz a única pergunta possível:

– Então por que você não volta atrás?

Ele não soube responder. Usou o clichê de sempre, agora não apenas repetido por ele, mas também por ela:

– Não controlo meu coração.

Não insisti. Nem que ele pudesse voltar atrás, agora era eu quem não o aceitaria de volta. Esta conversa serviu para que eu analisasse, com o devido cuidado, este lema de não ser possível controlar o coração. Conversei com vários psicólogos e terapeutas de casal a respeito disto. Foram unânimes. Toda paixão precisa da nossa autorização. Nós não apenas mandamos no nosso coração, como podemos induzi-lo a se apaixonar. A paixão não é uma maldição que cai sobre nossas cabeças. Ela só acontece porque permitimos. Se Pedro encontra-se tomado por uma paixão, foi porque ele autorizou. Isto leva à uma segunda pergunta. Por que então, ele não volta atrás? Orgulho.

Ele foi longe demais para poder voltar atrás. Teria de passar por cima do seu orgulho e admitir que errou, que cometeu uma loucura. Teria de voltar atrás em tudo que falou em rede nacional, em tudo o que ela escreveu no blog a seu respeito. Ele teria de assumir um erro, e esta é sua maior dificuldade. Neste caso, não falo apenas de Pedro, mas dos homens que traem.

Dicas Práticas Para Enfrentar e Superar a Síndrome de Abandono

No começo, eu me sentia abandonada. Não conseguia enxergar um futuro feliz. Era como se minha vida tivesse acabado, e esta é a pior sensação que pode haver. Eu não encontrava motivos para continuar. Com o tempo fui desenvolvendo algumas técnicas de sobrevivência. E nesse caso, o termo "sobrevivência" não é exagero. Graças a esses recursos eu consegui sair da depressão e voltar a sorrir. Vamos às dicas!

Dica 1
Mudando o aspecto exterior, você muda seu interior!
Olhe-se no espelho e repare no que está acontecendo com você. No meu caso, não foi fácil, exigiu coragem. O que encontrei foram marcas de desgosto, um olhar perdido, fundo e sem expressão. Pois era por aí mesmo que eu começaria minha transformação. Comecei a caprichar na maquiagem. A primeira etapa é um creme hidratante. Depois, passe um corretivo nas olheiras e manchas. Em seguida, a base – que deve ser muito bem espalhada. Para iluminar o olhar, use uma sombra branca abaixo das sobrancelhas. Complemente com um lápis preto bem fino ou delineador. O toque final fica por conta do rímel. O aspecto saudável é por conta do blush. Mesmo que você amarre seu cabelo num rabo de cavalo, esta leve maquiagem já terá um efeito notável no seu visual, no seu humor, e na maneira como as pessoas olharão para você. Jeans e regatinha são apostas seguras. Não sinta dó de você mesma. Encare-se e aja! Começo com esta primeira dica bem simples porque ela é a mais fácil, e de uma eficiência surpreendente. Experimente!

Dica 2
Saia da toca
Minha vontade era de me esconder, me enfiar debaixo de uma coberta e nunca mais pisar na rua. Este caminho não leva a lugar algum. Saia, encontre-se com seus amigos e parentes. Observe as pessoas à sua volta e perceba que cada uma delas tem suas próprias questões. O seu problema não é mais grave do que o de ninguém. Compartilhe seus problemas com pessoas em quem você confia. A solução que você procurava pode estar onde você menos imagina.

Dica 3
Sorria
Mesmo sem vontade, mesmo sem motivo. Só o fato de você mexer os músculos do seu rosto, faz com que mensagens positivas sejam transmitidas ao seu cérebro. Não perca o hábito de sorrir. Não se acostume ao olhar triste. Mesmo que seu sorriso seja forçado, sorria. O sorriso pode dominar você e, eventualmente, melhorar o seu humor.

Dica 4
Leia
O livro é uma companhia fantástica. E aqui incluo livros de auto-ajuda, com resultados práticos, e livros de ficção. Na categoria auto-ajuda encontrei força, apoio e orientação. Nos livros de ficção encontrei um lugar onde mergulhar e viajar nos sonhos e aventuras de personagens cativantes. Ao permitir que minha mente divagasse por mundos imaginários, eu relaxava. Ajudava a dormir. Quando voltava à minha própria vida, eu estava mais tranqüila e otimista.

Dica 5
Crie uma nova rotina

Mude a maneira como você organiza seu dia. Crie novos horários, encontre novas atividades, abandone as que lhe chateiam, faça coisas que você não fazia antes. Esta determinação em mudar o seu dia-a-dia resultará numa mudança na sua maneira de pensar. Para mim, a parte mais difícil foi na hora de dormir. Eu olhava para o lado e me sentia só e fria, principalmente no inverno. Então, mudei minha rotina. Depois de colocar as crianças na cama eu fazia um chá, escrevia sobre o meu dia, fazia a toalete, deitava e rezava. Colocava o timer da TV e lia um livro até cair no sono. Não se esqueça do chá, um excelente calmante natural!

Dica 6
Mantenha um diário

Esta é uma maneira de você desabafar e organizar seus sentimentos. Jogue seus sentimentos no papel. Você se sentirá mais leve. Escreva diariamente, nos dias ruins e nos bons também. Assim você poderá avaliar seu progresso.

Dica 7
Faça novas amizades

Isto implica em freqüentar lugares diferentes. Pense em todos os lugares que você não freqüenta, mas gostaria: parques, galerias de arte, museus, cafés, bares, livrarias, shoppings, cursos, praças, praias. Faça uma viagem! As opções são inúmeras. Esta é sua oportunidade de ousar e fazer tudo aquilo que ficava apenas na vontade.

Dica 8
Mude seu visual
Corte ou pinte o cabelo. Mude a maneira de se vestir. Mude seus acessórios, seu óculos. Sua vida mudou. Mude você também!

Dica 9
Livre-se de lembranças doloridas
Não guarde lembranças de algo que você não quer relembrar. Para que guardar as fotografias, aliança de casamento e cartões, se você não quer reviver essa história? Se você não tem coragem de jogar fora, guarde tudo numa caixa e leve para a casa de um parente. Tire estas coisas de perto de você.

Dica 10
Prepare-se para encontrar um novo amor
Num planeta como este, não existe apenas um amor para cada pessoa. O amor existe aos milhares por aí. Temos opções, e muitas! Encare sua perda de forma racional. Depois de tudo o que você passou, você será capaz de escolher um amor que seja ainda melhor para você. Eu me lembro de uma frase que João costumava dizer, no nosso tempo de namoro: "Impossível só existe no dicionário dos perdedores." De todas as coisas que ele me disse, acho que esta foi a mais importante. Acredite em você!